厚大法考

2024年国家法律职业资格考试

法考精神体系

万能金句·设问角度·三位一体

民法

采 分 有 料

主观题

张 翔 ◎ 编著 ｜ 厚大出品

中国政法大学出版社

岁月不汝延　努力无暂辍

《《《 厚大在线 》》》

硬核干货
- 八大学科学习方法、新旧大纲对比及增删减总结、考前三页纸等你解锁。

定期直播
- 备考阶段计划、心理疏导、答疑解惑，专业讲师与你相约"法考星期天"直播间。

免费课堂
- 图书各阶段配套名师课程的听课方式，课程更新时间获取，法考必备通关神器。

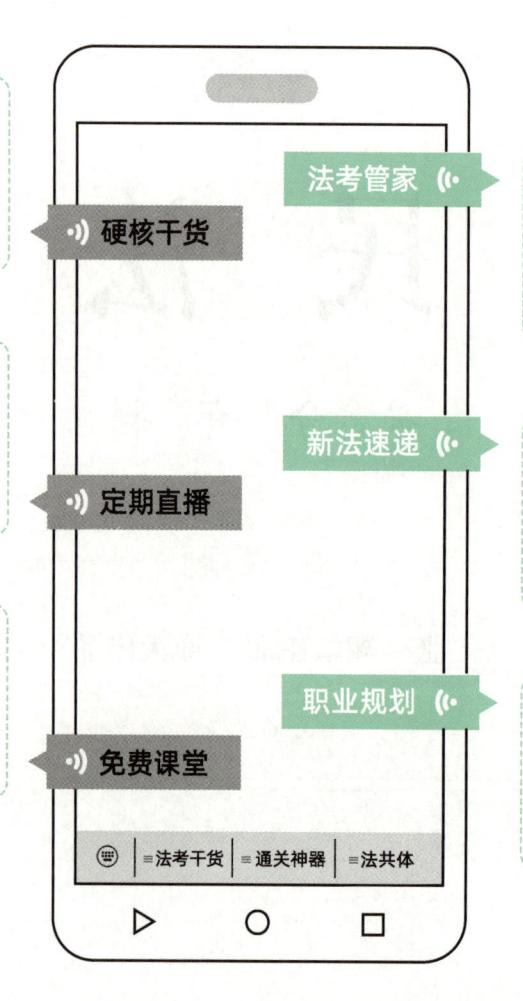

法考管家
- 法考公告发布、大纲出台、主客观报名时间、准考证打印等,法考大事及时提醒。

新法速递
- 新修法律法规、司法解释实时推送,最高院指导案例分享;牢牢把握法考命题热点。

职业规划
- 了解各地实习律师申请材料、流程,律师执业手册等,分享法律职业规划信息。

法考干货　通关神器　法共体

更多信息
关注厚大在线

HOUDA

代总序
做法治之光
——致亲爱的考生朋友

如果问哪个群体会真正认真地学习法律，我想答案可能是备战法考的考生。

当厚大的老总力邀我们全力投入法考的培训事业，他最打动我们的一句话就是：这是一个远比象牙塔更大的舞台，我们可以向那些真正愿意去学习法律的同学普及法治的观念。

应试化的法律教育当然要帮助同学们以最便捷的方式通过法考，但它同时也可以承载法治信念的传承。

一直以来，人们习惯将应试化教育和大学教育对立开来，认为前者不登大雅之堂，充满填鸭与铜臭。然而，没有应试的导向，很少有人能够真正自律到系统地学习法律。在许多大学校园，田园牧歌式的自由放任也许能够培养出少数的精英，但不少学生却是在游戏、逃课、昏睡中浪费生命。人类所有的成就靠的其实都是艰辛的训练；法治建设所需的人才必须接受应试的锤炼。

应试化教育并不希望培养出类拔萃的精英，我们只希望为法治建设输送合格的人才，提升所有愿意学习法律的同学整体性的法律知识水平，培育真正的法治情怀。

厚大教育在全行业中率先推出了免费视频的教育模式，让优质的教育从此可以遍及每一个有网络的地方，经济问题不会再成为学生享受这些教育资源的壁垒。

最好的东西其实都是免费的，阳光、空气、无私的爱，越是弥足珍贵，越是免费的。我们希望厚大的免费课堂能够提供最优质的法律教育，一如阳光遍洒四方，带给每一位同学以法律的温暖。

没有哪一种职业资格考试像法考一样，科目之多、强度之大令人咂舌，这也是为什么通过法律职业资格考试是每一个法律人的梦想。

法考之路，并不好走。有沮丧、有压力、有疲倦，但愿你能坚持。

坚持就是胜利，法律职业资格考试如此，法治道路更是如此。

当你成为法官、检察官、律师或者其他法律工作者，你一定会面对更多的挑战、更多的压力，但是我们请你持守当初的梦想，永远不要放弃。

人生短暂，不过区区三万多天。我们每天都在走向人生的终点，对于每个人而言，我们最宝贵的财富就是时间。

感谢所有参加法考的朋友，感谢你愿意用你宝贵的时间去助力中国的法治建设。

我们都在借来的时间中生活。无论你是基于何种目的参加法考，你都被一只无形的大手抛进了法治的熔炉，要成为中国法治建设的血液，要让这个国家在法治中走向复兴。

数以万计的法条，盈千累万的试题，反反复复的训练。我们相信，这种貌似枯燥机械的复习正是对你性格的锤炼，让你迎接法治使命中更大的挑战。

亲爱的朋友，愿你在考试的复习中能够加倍地细心。因为将来的法律生涯，需要你心思格外的缜密，你要在纷繁芜杂的证据中不断搜索，发现疑点，去制止冤案。

亲爱的朋友，愿你在考试的复习中懂得放弃。你不可能学会所有的知识，抓住大头即可。将来的法律生涯，同样需要你在坚持原则的前提下有所为、有所不为。

　　亲爱的朋友，愿你在考试的复习中沉着冷静。不要为难题乱了阵脚，实在不会，那就绕道而行。法律生涯，道阻且长，唯有怀抱从容淡定的心才能笑到最后。

法律职业资格考试不仅仅是一次考试，它更是你法律生涯的一次预表。

我们祝你顺利地通过考试。

不仅仅在考试中，也在今后的法治使命中——

不悲伤、不犹豫、不彷徨。

但求理解。

厚大®全体老师　谨识

目录

第一部分 ▶ 知识点精粹 001

专题 1 合同的订立 001

考点 1　要约与要约邀请 001
考点 2　要式合同 003
考点 3　预约与本约 003
考点 4　缔约过失责任 005

专题 2 订立合同的人 007

考点 5　设立人为设立法人订立合同 007
考点 6　法定代表人订立的合同 007
考点 7　代理人订立的合同 010

专题 3 合同内容的确定 012

考点 8　合同主体的确定 012
考点 9　合同权利义务的确定 015
考点 10　合同价格的确定 022
考点 11　合同标的的确定：选择之债 023
考点 12　人保与物保的确定 024

001

专题 4　合同的效力瑕疵 ·· 027
考点 13　无效合同 ·· 027
考点 14　撤销权 ·· 033
考点 15　合同无效、被撤销的法律后果 ·································· 037

专题 5　合同的主体变动 ·· 039
考点 16　"赶走恶龙，成为恶龙" ·· 039
考点 17　债权转让 ·· 043
考点 18　债务转让与债务加入 ·· 045
考点 19　债权转让、债务转让对担保责任的影响 ······················ 046

专题 6　合同的标的变动 ·· 049
考点 20　添附 ·· 049
考点 21　担保物产生孳息 ·· 050
考点 22　买卖物发生风险 ·· 052
考点 23　不动产处分的限制 ··· 053
考点 24　租赁物的处分 ·· 054
考点 25　动产抵押人处分抵押物 ··· 056

专题 7　合同的权利义务变动 ·· 063
考点 26　取回权 ·· 063
考点 27　剥夺债务人的期限利益 ··· 065
考点 28　担保责任的免责事由 ·· 066
考点 29　解除权 ·· 069

专题 8　合同的履行 ·· 075
考点 30　代位权 ·· 075
考点 31　以物抵债 ·· 078
考点 32　抵销 ·· 079
考点 33　合同履行的顺序 ·· 082
考点 34　抗辩权 ·· 087
考点 35　抗辩权延续 ··· 090
考点 36　善意取得 ·· 093

专题 9　违约责任 ·· 095

- 考点 37　违约责任的构成：是否承担违约责任？ ·········· 095
- 考点 38　违约责任的主体：谁承担违约责任？ ·············· 096
- 考点 39　违约责任的形态之一：继续履行 ···················· 099
- 考点 40　违约责任的形态之二：赔偿损失 ···················· 100
- 考点 41　违约责任的形态之三：定金 ···························· 103
- 考点 42　违约责任的形态之四：违约金 ························ 105

专题 10　侵权责任 ··· 107

- 考点 43　过错和意外 ·· 107
- 考点 44　无过错责任的类型 ·· 108
- 考点 45　财产损害赔偿与精神损害赔偿 ······················ 109
- 考点 46　共同侵权 ··· 110
- 考点 47　替代责任 ··· 114
- 考点 48　定作人责任 ·· 115
- 考点 49　高空物件掉落致人损害 ································· 116

第二部分 ▶ 综合案例　　119

- 案例 1　世界杯广告案 ··· 119
- 案例 2　法人设立案 ·· 123
- 案例 3　机器设备买卖案 ··· 126
- 案例 4　汽车买卖案 ·· 129
- 案例 5　办公楼装修案 ·· 132
- 案例 6　4S 店经营纠纷案 ··· 136
- 案例 7　房屋买卖案 ·· 139
- 案例 8　土地使用权转让案 ··· 142
- 案例 9　南湖公司借款案 ··· 146

缩略语对照表 ABBREVIATION

合同编通则解释	最高人民法院关于适用《中华人民共和国民法典》合同编通则若干问题的解释
担保制度解释	最高人民法院关于适用《中华人民共和国民法典》有关担保制度的解释
总则编解释	最高人民法院关于适用《中华人民共和国民法典》总则编若干问题的解释
民间借贷规定	最高人民法院关于审理民间借贷案件适用法律若干问题的规定
商品房买卖合同解释	最高人民法院关于审理商品房买卖合同纠纷案件适用法律若干问题的解释
建设工程施工合同解释（一）	最高人民法院关于审理建设工程施工合同纠纷案件适用法律问题的解释（一）
买卖合同解释	最高人民法院关于审理买卖合同纠纷案件适用法律问题的解释
城镇房屋租赁合同解释	最高人民法院关于审理城镇房屋租赁合同纠纷案件具体应用法律若干问题的解释
融资租赁合同解释	最高人民法院关于审理融资租赁合同纠纷案件适用法律问题的解释
精神损害赔偿解释	最高人民法院关于确定民事侵权精神损害赔偿责任若干问题的解释

知识点精粹 第一部分

专题 1 合同的订立

考点 1 要约与要约邀请（《民法典》第 473 条；《合同编通则解释》第 4 条）

> **命题角度分析**
>
> ● 案情场景
> 一方向对方表达订立合同的意愿，对方根据该表达跟进回应。
>
> ● 提问角度
> 双方的合同是否成立？

（一）法定的要约邀请

1. 当事人作出的如下表示，依法为要约邀请：

（1）寄送的价目表；

（2）拍卖公告、招标公告、招股说明书、债券募集办法、基金招募说明书。

2. 一方根据对方的要约邀请作出回应的，双方的合同不成立。

（二）以拍卖、招标方式订立合同

	拍卖	招标
要约邀请	拍卖公告	招标公告

续表

	拍卖	招标
要约	举牌	递交投标文件
承诺（合同成立）	拍卖师落槌、电子交易系统确认成交	中标通知书送达
合同书	原则上，是否订立合同书，不影响合同的成立；但规则事先另有规定的，除外。	

（三）商业广告

命题角度分析

案情场景

商家发布商业广告，消费者与商家订立合同。但商家未能践行商业广告中的允诺。

提问角度

（1）与可撤销制度相结合，考查消费者能否撤销与商家之间的合同，并追究商家的缔约过失责任；

（2）与违约责任制度相结合，考查消费者能否追究商家的违约责任；

（3）与合同解除制度相结合，考查消费者能否解除与商家之间的合同。

1. 商业广告的性质

（1）内容明确具体，且表示者未表示不接受该广告约束的，为要约；

（2）内容不明确具体，或表示者表示不接受该广告约束的，为要约邀请。

2. 构成要约的商业广告，受要约人一旦与该广告发布人订立合同，广告内容即自动构成合同的条款。

（1）如果该广告发布人未践行其在广告中的允诺，则构成违约。此时：①相对人有权追究该广告发布人的违约责任；②符合合同解除事由的，相对人还可以解除合同。

（2）如果该广告发布人发布虚假广告，则构成欺诈。此时，相对人有权以诉讼或仲裁方式撤销合同，并追究该广告发布人的缔约过失责任。

考点 2 ▶ 要式合同（《民法典》第 490 条）

📝 命题角度分析

➡ 案情场景

当事人在达成合意的同时，约定合同的成立应当具备特定的形式要件，如合同书。现形式要件尚未具备，且一方反悔。

➡ 提问角度

（1）与违约责任制度相结合，考查对方能否因其反悔，追究其违约责任；

（2）与缔约过失责任制度相结合，考查对方能否因其反悔，追究其缔约过失责任；

（3）与合同履行制度相结合，考查在形式要件未达成的情况下，合同是否依然可能成立。

1. 形式要件未具备，要式合同"不成立"。此时：

（1）一方反悔的，不承担违约责任；

（2）一方反悔，构成违反先合同义务的，应承担缔约过失责任。

2. 形式要件未具备，一方履行主要义务，对方接受的，要式合同成立。

考点 3 ▶ 预约与本约（《民法典》第 495 条；《合同编通则解释》第 6~8 条）

📝 命题角度分析

➡ 案情场景

当事人在第一个合同中约定，于未来订立第二个合同。现第二个合同未订立。

➡ 提问角度

第二个合同没有订立，第一个合同是否构成违约？

（一）预约与本约的关系

1. 当事人在合同 A 中，约定将来订立合同 B 的，合同 A 为预约，合同 B 为本约。

2. 本约订立的，意味着预约的履行；本约未订立的，意味着预约未履行，对此有过错的当事人应承担预约上的违约责任。

（二）预约的构成要件

1. 预约应明确表达出"未来订立本约"的意思。

2. 预约不具有本约的基本要素（主体、数量、标的等）。

3. 预约为要式合同，需采取书面形式或交付定金。

（三）预约的违约责任

1. 过错违约责任

预约合同订立后，因"可归责于一方"的原因，导致本约合同未能订立的，有过错的一方应承担预约上的违约责任。

2. "可归责于一方"的事由的界定方法

（1）当事人在磋商时提出的条件是否明显背离预约合同约定的内容；

（2）当事人是否已尽合理努力进行协商；

（3）其他可归责于一方的事由。

（四）预约之排除："要式合同——形式要件"

当事人在合同 A 中，约定将来订立合同 B，且约定了合同 B 的基本要素（主体、数量、标的等）的，合同 A 为要式合同，合同 B 为其形式要件。

1. 合同 B 未订立的，合同 A 的形式要件不具备，合同 A 不成立。

2. 合同 A 主要义务，一方履行且对方接受的，合同 A 成立。

迷你案例

案情：甲开发商与乙订立书面的《商品房认购书》。

问 1：如果《商品房认购书》约定，待甲开发商的"幸福小区"开盘后，乙可选房并与甲开发商订立《商品房买卖合同》。

（1）《商品房认购书》是不是预约？

答案：是。《商品房认购书》明确约定了未来订立《商品房买卖合同》，且未包括《商品房买卖合同》的基本要素（标的等），故构成预约。

（2）如果甲开发商开盘后，乙选好房，但在与甲开发商订立《商品房买卖合同》的过程中，要求以半价购买，甲开发商不同意，最终《商品房买卖合同》未能订立。甲开发商能否追究乙在《商品房认购书》上的违约责任？

答案：能。乙要求以半价购买，故因可归责于乙的原因，导致《商品房买卖合同》未能订立，乙应承担《商品房认购书》上的违约责任。

问2：如果《商品房认购书》约定，待甲开发商的"幸福小区"开盘后，双方就1-1801号房屋订立《商品房买卖合同》。

（1）《商品房认购书》是不是预约？

答案：不是。《商品房认购书》具备《商品房买卖合同》的基本要素（标的），其就是《商品房买卖合同》。

（2）甲开发商、乙约定以后还需订立的《商品房买卖合同》，与《商品房认购书》是什么关系？

答案：《商品房认购书》是要式合同，以后要订立的《商品房买卖合同》是《商品房认购书》的形式要件。

（3）如果甲开发商、乙未订立《商品房买卖合同》，后果如何？

答案：《商品房认购书》的形式要件不具备，不成立。

（4）如果甲开发商、乙未订立《商品房买卖合同》，但乙已经向甲开发商支付了价款，后果如何？

答案：《商品房认购书》的主要义务一方履行且对方接受，《商品房认购书》成立。

考点 4 缔约过失责任（《民法典》第157、500、501条）

命题角度分析

案情场景

双方当事人在订立合同过程中，一方违背诚信原则，给对方造成损失。

提问角度

（1）与违约责任制度相结合，考查受损一方可追究违背诚信原则一方的何种法律责任；

（2）与合同无效制度相结合，考查合同无效的法律后果。

缔约过失责任是指当事人违反先合同义务的法律后果。其中，先合同义务，是指依据诚信原则，缔约中的当事人向对方所承担的照顾、通知、协助、保护、保密及不加害等法定义务。

（一）缔约过失责任的要件

1. 时间要件

当事人违反先合同义务的行为须发生于缔约阶段，即要约生效之后、合同生效之前。

2. 主体要件

缔约过失责任的追究与承担，必须发生在缔约双方之间；反之，没有缔约关系的，无缔约过失责任可言。

（二）违反先合同义务行为的法定类型（《民法典》第500、501条）

1. 假借订立合同，恶意进行磋商。

2. 欺诈。

3. 泄露、不正当地使用对方的商业秘密。即一方在磋商过程中，知悉对方的商业秘密后，自行利用该商业秘密，或将该商业秘密泄露给他人。

4. 对合同无效有过错。

5. 有其他违背诚信原则的行为。

专题 2　订立合同的人

考点 5　设立人为设立法人订立合同（《民法典》第 75 条）

命题角度分析

案情场景

法人正处于设立阶段，设立人为设立法人与第三人订立了合同。

提问角度

（1）是法人还是设立人承担该合同的法律后果？

（2）与连带之债制度相结合，在设立人应承担连带责任时，考查连带之债的法律关系。

（一）法人成立前

1. 个人行为，个人承担后果。
2. 共同行为，连带承担后果。

（二）法人成立后

1. 以"法人名义"，法人承担后果。
2. 以"设立人名义"，第三人有权选择请求法人或者设立人承担后果。

考点 6　法定代表人订立的合同（《民法典》第 61、65 条；《担保制度解释》第 7~12 条；《合同编通则解释》第 22 条）

（一）代表行为与个人行为的区分及后果

命题角度分析

案情场景

法人的法定代表人以法人名义，与相对人订立合同。

> 🔸 **提问角度**
>
> （1）与表见代表制度相结合，考查登记中的法定代表人以法人名义与相对人订立合同的法律后果；
>
> （2）与越权代表制度相结合，考查法人是否应当对越权代表行为承担法律后果。

1. 代表行为

（1）法定代表人以法人名义实施的行为，是代表行为。

（2）法人的实际法定代表人与登记的法定代表人不一致的，不得对抗善意相对人。故登记的法定代表人以法人名义实施的行为，相对于善意相对人而言，也是代表行为。

（3）代表行为的法律后果，由法人承担。

2. 个人行为

（1）法定代表人以自己的名义实施的行为，是个人行为；

（2）个人行为的法律后果，由个人承担。

（二）代表人签字与法人盖章

📝 **命题角度分析**

> 🔸 **案情场景**
>
> 法人的代表人以法人名义，与相对人订立书面合同。或代表人签字但法人未盖章，或法人盖章但代表人未签字。
>
> 🔸 **提问角度**
>
> （1）合同是否成立？
>
> （2）法人是否受该合同的约束？

1. 代表人有代表权并签字，但法人未盖章或所盖印章虚假的，合同成立。

2. 合同约定应当有法人盖章的，为要式合同。这意味着：

（1）法人未盖章的，合同不成立；

（2）合同主要义务一方履行、对方接受的，合同成立。

3. 代表人有代表权，合同没有代表人签字，但有法人盖章的，合同成立。

代表人签字	法人盖章	后　　果
有	无	原则上，合同成立；但合同约定需要法人盖章的，为要式合同
无	有	合同成立

（三）越权代表行为

📝 **命题角度分析**

➡ **案情场景**

法人的法定代表人超越代表权限，以法人名义与相对人订立合同。

➡ **提问角度**

（1）相对人善意、恶意的判断方法；

（2）法人是否应当对越权代表行为承担法律后果？

1. 基本规则

（1）相对人善意的，代表行为有效，法人应承担合同义务。

（2）相对人恶意的，代表行为无效，法人不承担合同义务。但是，法人有过错的，应承担缔约过失责任。

2. 相对人善意、恶意的推定

（1）违反章程规定的越权代表，推定相对人为善意；

（2）违反《公司法》第15条之规定的越权代表，即法定代表人未经董事会或者股东会决议，擅自为公司以外的他人债务提供担保的，推定相对人为恶意。

3. 法人为他人债务提供担保，无需董事会或者股东会决议，担保即为有效的情形：(《担保制度解释》第8条第1款、第10条)

（1）金融机构开立保函或者担保公司提供担保；

（2）公司为其全资子公司开展经营活动提供担保；

（3）担保合同系由单独或者共同持有公司2/3以上对担保事项有表决权的股东签字同意；

（4）一人公司为其股东提供担保。

考点 7 代理人订立的合同（《民法典》第171、172条）

> **命题角度分析**
>
> ▶ **案情场景**
>
> 行为人没有被代理人的代理权，却以被代理人的名义，与相对人订立合同。
>
> ▶ **提问角度**
>
> （1）该合同的效力如何？
> （2）被代理人是否受该合同的约束？
> （3）行为人是否受该合同的约束？
> （4）在狭义无权代理中，被代理人的追认权、拒绝权与相对人的催告权、撤销权之间的互动关系。

（一）狭义无权代理

1. 概念：不存在表见事由，或虽有表见事由，但相对人恶意的无权代理。
2. 效力：对被代理人效力待定。

```
              被代理人（追认权、拒绝权）
                    △
          行为人        相对人（催告权、撤销权）
```

3. 被代理人的追认权、拒绝权

（1）被代理人行使追认权的，狭义无权代理行为对被代理人自始有效。

（2）被代理人行使拒绝权的，狭义无权代理行为对被代理人自始无效。此时，在行为人与相对人之间产生约束力。

4. 相对人的催告权、撤销权

（1）相对人有权催告被代理人自收到通知之日起30日内予以追认。被代理人未作表示的，视为拒绝追认。

（2）被代理人未追认的，善意相对人有权撤销其与行为人之间的民事法律行为。

（二）表见代理

1. 概念：存在表见事由，且相对人为善意的无权代理。

2. 效力：表见代理对被代理人有效。被代理人必须承受表见代理的法律后果，而不享有追认权、拒绝权。

3. 表见事由

（1）能够使不知情的相对人相信行为人具有代理权的客观事实，如公章、证书、文件、交易习惯、职务等，均为表见事由；

（2）表见事由必须是真实的事实，虚假的事实不构成表见事由。

专题 3　合同内容的确定

考点 8　合同主体的确定

(一) 隐名委托的约束力（《民法典》第926条第1、2款）

命题角度分析

➡ **案情场景**

受托人为完成委托事务，以自己的名义与相对人订立了合同。

➡ **提问角度**

(1) 该合同约束谁？

(2) 与合同的相对性相结合，考查在约束对象确定的前提下，相对人的履行行为能否引起其债务消灭之后果。

受托人为完成委托事务，以自己的名义与相对人订立合同的：

1. 该合同约束受托人与相对人。

2. 委托人违约，受托人向相对人披露委托人的，相对人可选择委托人或受托人作为当事人，但相对人只能选择 1 次，且选择后不得变更。

迷你案例

案情：甲公司委托乙购买 10 台电脑，乙遂以自己的名义与丙公司订立了电脑买卖合同。现付款期限届至。

问 1：丙公司有权请求谁支付价款？为什么？

答案：乙。乙以自己的名义与丙公司订立电脑买卖合同，构成隐名委托，该合同约束乙和丙公司。

问 2：乙向丙公司说明了自己是受甲公司委托之事后，丙公司仍要求乙支付价款。乙支付价款后，丙公司向甲公司交付了 10 台电脑。现乙请求丙公司向自己交付 10 台电脑。乙的主张是否于法有据？为什么？

答案：是。因乙向丙公司披露甲公司后，丙公司仍选择乙作为当事人，故电脑买卖合同继续约束乙和丙公司。丙公司向甲公司交付电脑的，履行对象不正确，其向乙交付电脑的债务不能消灭。

（二）婚内负债的归属（《民法典》第1064条）

命题角度分析

➡ 案情场景

夫妻关系存续期间，一方或双方对外负债。

➡ 提问角度

（1）该笔债务归属于一方，还是归属于双方？

（2）与连带责任相结合，考查夫妻对共同债务的承担方式及追偿条件。

1. 负债的夫妻一方或双方与债权人之间存在外部约定的，从其约定。

2. 无外部约定，为夫妻共同生活、共同生产经营需要或者基于夫妻双方共同意思表示负债的，为夫妻共同债务。

3. 夫妻之间的内部约定，相对人不知情的，对相对人没有约束力。

（三）利他合同（《民法典》第522条；《合同编通则解释》第29条）

命题角度分析

➡ 案情场景

双方当事人订立合同，约定由债务人向第三人履行债务。

➡ 提问角度

（1）谁对债务人享有履行债务请求权？

（2）谁享有合同的解除权、撤销权？

1. 束己合同与利他合同

（1）束己合同

其指根据合同约定，订立合同的人享有合同债权、承担合同债务的合同。

（2）利他合同

其指根据合同约定，订立合同的人承担合同债务，而该方的债权则由第三人享有的合同。

2. 利他合同与代为受领

（1）相同之处：利他合同与代为受领，都以债务人向第三人履行为特征。

（2）不同之处：利他合同中，第三人享有对债务人的请求权；而代为受领中，第三人不享有对债务人的请求权。

```
债权人 ——— 债务人              债权人 ——— 债务人
  ↓      履行                    ↓      履行
第三人                          第三人
（请求权）

  利他合同                        代为受领
```

3. 利他合同法律关系

（1）利他合同无需第三人同意

❶由第三人享有合同一方当事人的债权，无需征得该第三人的同意。

❷第三人表示拒绝享有债权，或拒绝受领债务人履行的，该合同转变为束己合同。此时，债权人有权请求债务人向自己履行债务。

（2）履行债务请求权、违约责任请求权

❶第三人有权请求债务人向自己履行债务；

❷在债务人违约时，第三人可追究债务人的违约责任；

❸债务人对债权人的抗辩，可以向第三人主张。

（3）债权人、债务人仍为合同的当事人

❶利他合同的解除权、撤销权，仍然归债权人，第三人不得享有；

❷合同依法被撤销或被解除的，债务人有权请求债权人返还财产；

❸因第三人拒绝受领或受领迟延，给债务人造成损失的，债务人有权请求债权人赔偿损失。

> **迷你案例**
>
> 案情：甲、乙订立买卖合同，约定甲将汽车A以10万元的价格出卖给乙，甲将请求乙交付10万元价款的权利设定给丙。现乙的付款期限届至。
>
> 问1：谁有权请求乙支付10万元价款？
>
> 答案：丙。在甲、乙订立的买卖合同中，甲将价款请求权设定给丙，故该买

卖合同为利他合同，乙未如约付款的，丙有权请求乙承担违约责任。

问2：如果乙迟延付款，经催告仍不履行，谁有权解除与乙的买卖合同？

答案：甲。利他合同中，第三人丙不享有解除权。

问3：如果在甲、乙订立合同的过程中，乙对甲实施胁迫，谁有权撤销与乙的买卖合同？

答案：甲。利他合同中，第三人丙不享有撤销权。

问4：如果乙向丙支付10万元价款后，买卖合同被撤销或被解除，乙有权请求谁返还价款？

答案：甲。利他合同被撤销或被解除，债务人乙已经履行的，可请求债权人甲返还价款。

问5：如果乙向丙支付价款，丙拒绝受领，怎么办？

答案：视为丙拒绝享有债权，利他合同转变为束己合同，甲有权请求乙向自己支付价款。

问6：如果乙向丙支付价款，丙拒绝受领或受领迟延，给乙造成损失，怎么办？

答案：乙有权请求甲赔偿损失。利他合同中，第三人拒绝受领或受领迟延，致债务人损失的，债务人有权请求债权人承担赔偿责任。

考点9 合同权利义务的确定

（一）保理、应收账款质押中的基础关系不存在或已消灭（《民法典》第763条；《担保制度解释》第61条第1~3款）

命题角度分析

➡ 案情场景
债权人以对债务人的应收账款债权向第三人保理或质押，但该应收账款不存在或已消灭。

➡ 提问角度
债务人是否应当承担付款义务？

1. 债务人确认

债务人向权利人确认基础关系的：

（1）纵然基础关系不存在，债务人仍应承担责任；

（2）权利人知道或应当知道基础关系不存在的除外。

2. 债务人未确认

（1）保理通知到达债务人时，基础关系存在的，债务人应承担责任；

（2）办理出质登记时，基础关系存在的，债务人应承担责任。

案情：甲将对乙的应收账款保理或出质给丙银行。经查，该应收账款不存在或已消灭。

	债务人确认	债务人未确认，A 时点应收账款存在的，管到底
保 理	①管到底； ②权利人知道或应当知道应收账款不存在的除外。	A 时点：保理通知到达债务人时
质 押		A 时点：办理出质登记时

迷你案例

案情：甲公司将其对乙公司的 100 万元应收账款债权保理给建设银行。1 周后，甲公司又将该应收账款债权出质给工商银行，并办理了出质登记。经查，甲公司向乙公司进行了通知，但乙公司未向两家银行确认此事。

问 1：如果甲公司并不对乙公司享有应收账款债权：

（1）乙公司是否应当对建设银行履行债务？为什么？

答案：否。因为乙公司并未与甲公司虚构应收账款，所以无需承担付款义务。

（2）乙公司是否应当对工商银行履行债务？为什么？

答案：否。因为工商银行的质权办理出质登记时，该应收账款便不存在，且乙公司并未确认。

问 2：如果 1 个月后，甲公司对乙公司免除了应收账款债务：

（1）乙公司是否应当对建设银行履行债务？为什么？

答案：是。因为保理通知到达债务人后，基础关系变动的，不对保理人产生不利影响。

（2）乙公司是否应当对工商银行履行债务？为什么？

答案：是。因为应收账款办理出质登记时，该应收账款真实存在。

（二）共同担保人的分担请求权（《担保制度解释》第 13 条）

命题角度分析

案情场景

债权人对债务人享有债权，2 个或 2 个以上第三担保人为其提供担保，其中一个第三担保人承担了担保责任。

提问角度

（1）部分担保人承担担保责任后，可否向其他共同担保人主张分担？

（2）部分担保人承担担保责任后，对债务人的追偿权可否受到债权人原来享有的担保权的担保？

具备如下条件的，承担了担保责任的第三担保人，有权请求其他第三担保人分担：

1. 共同担保人之间约定可分担，或约定承担连带共同担保的。
2. 共同担保人在同一份合同书上签字、盖章或按指印的。

迷你案例

案情：甲银行、乙公司、丙、丁订立四方协议，约定甲银行借给乙公司 100 万元，乙公司以房屋 A 向甲银行设立抵押，丙、丁向甲银行提供连带责任保证。四方协议订立后，乙公司为甲银行办理了房屋 A 的抵押登记。现乙公司到期未向甲银行偿还借款本息。

问 1：甲银行应如何行使担保权？为什么？

答案：甲银行应先就乙公司提供的房屋 A 变价受偿。因为在混合担保中，各担保人未与债权人约定承担担保责任的份额、顺序的，债权人应当先行使债务人所提供的物保。

问 2：若丙主动向甲银行偿还了 100 万元及利息：

（1）丙对乙公司的追偿权，可否受到乙公司向甲银行所提供的房屋 A 的抵押权的担保？为什么？

答案：可以。因为承担了担保责任的第三担保人可以享有"债权人对债务人的权利"，故对债务人的追偿权，可以受到债务人向债权人所提供的担保物权的担保。

(2) 丙对乙公司的追偿权，可否受到丁向甲银行所提供的连带责任保证的担保？为什么？

答案：不可以。因为承担了担保责任的第三担保人可以享有"债权人对债务人的权利"，而其他第三担保人向债权人所提供的担保，不属于"债权人对债务人的权利"。

(3) 丙可否请求丁分担其所承担的担保责任？为什么？

答案：可以。因为丙、丁均在同一合同上签字。

(三) 最高额担保债权范围的确定（《民法典》第 420 条）

命题角度分析

案情场景

债权人对债务人享有债权，担保人为债权人设立了最高额担保，在最高限额内，担保债权人对债务人一定期间内所发生的债权。

提问角度

某一特定的债权是否受到最高额担保权的担保？

1. 最高额担保的概念

最高额担保，是指在最高限额下，在一定期间内，担保人为债权人对债务人的系列债权所提供的担保，包括最高额抵押、最高额质押和最高额保证。

2. 最高额担保的系列债权的范围

(1) 最高金额；

(2) 最长时间。

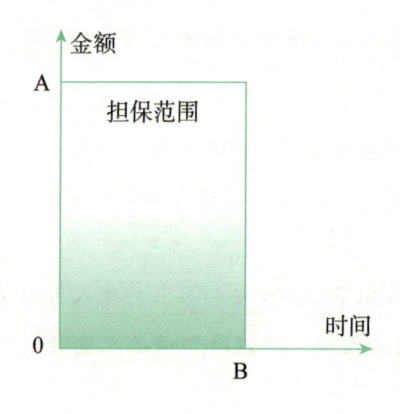

3. 经担保人、债权人同意，最高额担保设立前已经存在的债权，可以转入最高额担保的债权范围。

（四）让与担保效力的确定（《担保制度解释》第68条）

> **📝 命题角度分析**
>
> **➡ 案情场景**
>
> 债权人对债务人享有债权，债权人与债务人或第三人订立了财产转让的协议，旨在担保债权人对债务人的债权的实现。
>
> **➡ 提问角度**
>
> （1）如果债务人到期未向债权人履行债务，债权人凭让与担保权，可采取何种措施保障其债权的实现？
>
> （2）与正常买受人相结合，考查正常买受人的例外。

1. 让与担保性质的确定

当事人在买卖合同中约定了"回转条款"的，为让与担保。

🧑 迷你案例

案情：甲、乙订立买卖合同。

问1：该买卖合同约定，乙将房屋A以100万元的价格出卖给甲。甲、乙之间是买卖，还是让与担保？

答案：买卖。甲、乙的买卖合同并未约定回转条款，故为买卖。

问2：该买卖合同约定，乙将房屋A以100万元的价格出卖给甲，若乙在1年内向甲偿还110万元，则买卖合同解除。甲、乙之间是买卖，还是让与担保？

答案：让与担保。甲、乙的买卖合同中约定的解除条款为回转条款，故为让与担保，担保甲对乙的100万元借款。

2. 让与担保权的实现方式

（1）债务人不履行到期债务的，债权人有权就让与担保物折价、变价受偿；

（2）债权人对让与担保物已经占有或登记的，具有物权人的地位，可对让与担保物的折价、变价优先受偿。

3. 流质约款禁止规则

当事人约定债务人不履行到期债务，则让与担保物归债权人所有的，债权人只能就让与担保物折价、变价受偿，而不得主张债权债务两清。

> **迷你案例**
>
> 案情：甲造船厂与乙公司约定，甲造船厂以 100 万元的价格将船 A 出卖给乙公司，并在 1 年内以 110 万元的价格回赎船 A。合同订立后，甲造船厂将船 A 交付给乙公司，乙公司向甲造船厂支付了 100 万元。
>
> 问 1：甲造船厂与乙公司是什么关系？为什么？
>
> 答案：乙公司借给甲造船厂 100 万元，甲造船厂以船 A 设立让与担保，担保其 110 万元借款本息债务。①"出卖"与"回赎"的性质是"借款"与"还款"；②因甲造船厂与乙公司之间的买卖合同约定了回转条款，故为让与担保。
>
> 问 2：如果甲造船厂到期未回赎船 A，后果如何？为什么？
>
> 答案：乙公司就船 A 折价、变价优先受偿。因为在让与担保中，债务人不履行到期债务的，债权人可就担保物折价、变价并优先受偿。
>
> 问 3：乙公司可否对船 A 的折价、变价优先受偿？为什么？
>
> 答案：可以。因乙公司已经占有船 A，具有物权人的地位，故有权优先受偿。

（五）留置权的成立条件（《民法典》第 447、448 条；《担保制度解释》第 62 条）

> **命题角度分析**
>
> **案情场景**
>
> 债权人对债务人享有债权，且债权人占有债务人交付的动产。现债权人欲留置该动产。
>
> **提问角度**
>
> 债权人可否留置该动产？

1. 债权人合法占有债务人交付的动产

(1) 债权人对拾得、盗抢的债务人的动产，不能设立留置权；

(2) 留置权的客体以动产为限。

2. 同一性

（1）原则

留置权的成立，需以法律关系具有同一性为条件。

❶同一性的判断

一方的金钱义务与对方的返还义务，为同一法律关系，是一组交换。

❷法律关系具有同一性的，标的物是否归属于债务人，在所不问。

（2）例外

❶商事留置权不要求"同一性"。

商事留置权的构成要件是：

第一，主体要件。债权人、债务人均为企业。

第二，债权要件。债权人的债权是"商事营业债权"，即企业在其经营范围内，因实施商事经营行为所享有的债权。

❷在不具有同一性的情况下，债权人对不属于债务人的动产，不得享有留置权。

	动产归债务人所有	动产不归债务人所有
具有同一性	可以留置	
没有同一性	可以凭商事留置权留置	不可留置

3. 债务人不履行到期债务。

迷你案例

案情：甲公司将汽车 A 抵押给建设银行，并交给乙造船厂保管。保管期间，甲公司购买乙造船厂的船 B，价金到期未付。

问 1：乙造船厂对汽车 A 可否成立留置权？为什么？

答案：可以。尽管汽车 A 的保管关系与船 B 的买卖关系并非同一法律关系，没有同一性，但甲公司、乙造船厂均为企业，且乙造船厂的债权为商事营业债权，故乙造船厂可凭商事留置权留置汽车 A。

问 2：乙造船厂对汽车 A 的留置权可否优先于建设银行的抵押权受偿？为什么？

答案：可以。因为动产上的留置权可优先于抵押权、质权受偿。

问 3：如果汽车 A 并非甲公司所有，乙造船厂对汽车 A 可否成立留置权？为什么？

答案：不可以。汽车 A 的保管关系与船 B 的买卖关系并非同一法律关系，没有同一性，此时，汽车 A 不归属于甲公司的，乙造船厂不得留置。

考点 10　合同价格的确定

（一）民间借贷合同中的利息（《民间借贷规定》第 24 条）

命题角度分析

- **案情场景**：债权人借给债务人一笔钱。
- **提问角度**
  (1) 该笔借款是有息还是无息？
  (2) 与担保责任的从属性相结合，考查担保人担保责任的范围。
  (3) 与实践合同相结合，考查借款合同的成立要件。

1. 当事人"没有约定"利息的，推定为无息。

2. 当事人对于利息的"约定不明确"的：①自然人之间借贷，推定为无息。②自然人之间借贷之外的民间借贷，出借人主张利息的，推定为有息。法院应当结合民间借贷合同的内容，并根据当地或者当事人的交易方式、交易习惯、市场报价利率等因素确定利息。

（二）保理人的收益（《民法典》第 766、767 条）

命题角度分析

- **案情场景**
  债权人对债务人享有应收账款债权，债权人将该应收账款债权保理给了保理人，债务人向保理人履行了应收账款债务。
- **提问角度**
  (1) 保理人从债务人处所受偿的应收账款债权额，在扣除保理融资款本息和相关费用后有剩余的，债权人是否有权请求保理人返还？
  (2) 与不当得利相结合，考查剩余费用产生孳息时的返还问题。

1. 有追索权的保理合同

在有追索权的保理合同中，保理人从债务人处所受偿的应收账款债权额，在扣除保理融资款本息和相关费用后有剩余的，剩余部分应当返还给应收账款债权人。

2. 无追索权的保理合同

在无追索权的保理合同中，保理人从债务人处所受偿的应收账款债权额，在扣除保理融资款本息和相关费用后有剩余的，剩余部分无需返还给应收账款债权人。

（三）若干无效的建设工程施工合同的工程款（《建设工程施工合同解释（一）》第 24 条）

命题角度分析

案情场景

发包人与承包人订立了多份无效的建设工程施工合同，承包人向实际施工人分包工程，且建设工程竣工验收合格。

提问角度

（1）承包人能否主张工程款？

（2）承包人应以哪一份无效合同为依据主张工程款？

当事人就同一建设工程订立的数份建设工程施工合同均无效，但建设工程质量合格，一方当事人有权请求参照实际履行的合同结算建设工程价款。实际履行的合同难以确定，参照最后签订的合同结算建设工程价款。

考点 11　合同标的的确定：选择之债（《民法典》第 515、516 条）

命题角度分析

案情场景

债权人与债务人订立了合同，约定债务人将标的 A 或标的 B 向债权人履行。

> ➡ 提问角度
> （1）谁来决定是履行标的 A 还是标的 B？
> （2）与违约责任相结合，考查债务人履行标的不正确时的违约责任。

（一）选择权

1. 选择权的归属，当事人没有约定或约定不明的，归债务人。

2. 享有选择权的当事人在约定期限内或者履行期限届满未作选择，经催告后在合理期限内仍未选择的，选择权转移至对方。

（二）选择之债的履行不能

可选择的标的发生不能履行情形的，享有选择权的当事人不得选择不能履行的标的，但是该不能履行的情形是由对方造成的除外。

考点 12 ▶▶ 人保与物保的确定（《民法典》第 687、688 条；《担保制度解释》第 25 条）

📝 命题角度分析

> ➡ 案情场景
> 债权人对债务人享有债权，第三人提供了担保。
> ➡ 提问角度
> （1）第三人的担保是人保还是物保？
> （2）第三人的担保是一般保证还是连带责任保证？

（一）人保还是物保

第三担保人书面作出担保意思表示时：

1. 明确特定的担保财产的，为物保。

2. 未明确特定的担保财产的，为人保，即保证。

（二）一般保证还是连带责任保证

1. 保证合同明确约定的，从其约定。

2. 保证合同没有约定的,为一般保证。

> **迷你案例**
>
> 案情:甲银行借给乙公司 1000 万元,丙与甲银行订立《担保协议》,约定丙以房屋 A 向甲银行设立抵押,且约定如果房屋 A 的价值不足以偿还乙公司的债务,丙继续为甲银行提供最为充分且全面的担保。
>
> 问 1:"最为充分且全面的担保"是保证还是物保?为什么?
>
> 答案:保证。因为丙除了房屋 A 之外,并未以其他的特定财产向甲银行设立担保,故为保证。
>
> 问 2:"最为充分且全面的担保"是一般保证还是连带责任保证?为什么?
>
> 答案:连带责任保证。因为连带责任保证与一般保证相比较,前者"充分且全面",故当事人约定了连带责任保证,从其约定。

(三)保证期间(《民法典》第 692、694 条;《担保制度解释》第 29~32 条)

```
    A       保证期间    C        B
    ●━━━━━━━━━━━○━━━━━━━━●━━━→
 (起算点)  (长度)  ↓ 行使保证权(方法)
                    起算保证诉讼时效(起算点)
```

> **命题角度分析**
>
> ● **案情场景**
> 债权人对债务人享有债权,保证人为债权人提供保证。
>
> ● **提问角度**
> (1)保证期间如何计算?
> (2)债权人在保证期间内如何行使保证权?
> (3)债权人未在保证期间内行使保证权的,后果如何?

1. 保证期间的计算

(1)保证期间的起算点

主债务履行期限届满之日,起算保证期间。

（2）保证期间的长度

❶当事人有约定的，从其约定；

❷当事人没有约定或约定不明的，保证期间为主债务履行期限届满之日起6个月。

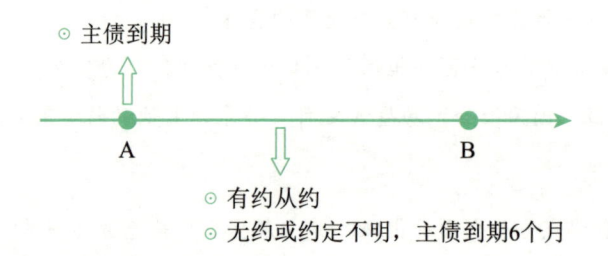

```
                    主债到期
                      ↑
    ●─────────────────●─────────────────●────────▶
    A                                   B
                      ↓
                  ○ 有约从约
                  ○ 无约或约定不明，主债到期6个月
```

2. 连带责任保证的保证权行使方式

（1）连带责任保证的债权人应当在保证期间内请求保证人承担保证责任；

（2）在连带责任保证中，债权人在保证期间内起诉或申请仲裁后，又撤诉或撤回仲裁申请，但起诉状副本或仲裁申请书副本已经送达保证人的，应当认定债权人已经行使了保证权。

3. 一般保证的保证权行使方式

（1）一般保证的债权人应当在保证期间内对债务人起诉或申请仲裁；

（2）在一般保证中，债权人在保证期间内起诉或申请仲裁后，又撤诉或撤回仲裁申请的，应当认定债权人未行使保证权。

专题 4　合同的效力瑕疵

考点 13　无效合同

（一）一般无效事由（《民法典》第 153、154 条；《合同编通则解释》第 16 条）

命题角度分析

● 案情场景

当事人双方订立了合同，或当事人一方作出了意思表示。

● 提问角度

(1) 该合同或意思表示的效力如何？

(2) 当事人所作出的意思表示是真实的还是虚假的？如果是虚假的，其真实目的是什么？

(3) 如果该合同或意思表示无效，其后果是什么？

1. 违背公序良俗的合同，无效。
2. 违反法律、行政法规的"效力性"强制性规定的合同，无效。

(1) 效力性强制性规定与管理性强制性规定

❶效力性强制性规定，针对"禁止实施的行为"，如毒品买卖；

❷管理性强制性规定，针对"可以实施但需先办理相关手续的行为"，如无照经营。

(2) 管理性强制性规定的具体化

以下违反强制性规定的合同，有效：

❶违反法律"未向国家缴纳税金或出让金，财产不得转让"之规定的合同。

❷违反法律"一方符合特定条件，方可对外交易"之规定，但对方对其是否符合条件无审查义务或无法了解的合同。

❸违反法律"未办相关手续而交易,合同无效"之规定的合同:

原则:该规定为"效力性强制性规定",违反之,合同无效;

例外:一方能办而未办,又以未办为由主张合同无效的,不予支持。

3. 恶意串通,损害国家、集体、他人利益的合同,无效。

恶意串通的构成要件是:

(1) 双方都知道其合同会导致第三方受损;

(2) 双方的合同具有不正常性。

迷你案例

案情:甲与乙订立了房屋 A 的买卖合同后,丙得知此事,遂出高价购买房屋 A。甲即决定将房屋 A 出卖给丙,与丙订立了房屋 A 的买卖合同。

问题:甲、丙之间的房屋 A 买卖合同是否构成恶意串通?

答案:不构成。尽管甲、丙均知道其交易会损害乙的利益,但其交易不具有不正常性,故不构成恶意串通,合同有效。

(二)虚假意思表示、隐藏意思表示、戏谑行为(《民法典》第 146 条)

1. 虚假意思表示与隐藏意思表示

(1) 虚假意思表示,无效;

(2) 隐藏意思表示,根据法律规定确定效力。

2. 戏谑行为

(1) 意思表示构成戏谑行为的,无效。

(2) 意思表示是否构成戏谑行为的判断方法

❶内容是否合理;

❷形式是否郑重;

❸场所是否公开。

(三)格式条款中的无效事由(《民法典》第 496、497 条;《合同编通则解释》第 9、10 条)

1. 格式条款=单方拟制+以重复使用为目的。

(1) 单方拟制

❶一方根据"示范文本"单方拟制的条款,是格式条款;

❷一方单方拟制，且双方约定"其不是格式条款"的，约定无效，其依然是格式条款。

（2）以重复使用为目的

❶一方单方拟制的、"实际上并未重复使用"的条款，是格式条款；

❷一方单方拟制的、"不是以重复使用为目的"的条款，不是格式条款。

2. 格式条款的效力

（1）不当免责条款，无效。

（2）正当免责条款，原则上有效；但是，提供方未尽提示、说明义务的格式条款，不构成合同内容。

（四）买卖合同中的无效事由（《买卖合同解释》第27条；《商品房买卖合同解释》第2条；《合同编通则解释》第16条）

> **命题角度分析**
>
> ➡ **案情场景**
>
> 当事人双方订立了买卖合同。
>
> ➡ **提问角度**
>
> （1）买卖合同的效力如何？
>
> （2）买卖合同的相关约定效力如何？
>
> （3）如果买卖合同或相关约定无效，后果如何？

1. 分期付款买卖合同约定，合同解除后，买受人已付价款不予退还的，该约定无效。

2. 出卖人未取得商品房预售许可证明，与买受人订立的商品房预售合同，在起诉前仍未取得商品房预售许可证明的：

（1）原则上，该合同无效；

（2）出卖人能办而未办，又以未办为由主张合同无效的，不予支持。

（五）民间借贷合同中的特别无效事由（《民间借贷规定》第13、25条）

> **命题角度分析**
>
> ➡ **案情场景**
>
> 当事人双方订立了民间借贷合同。

> **提问角度**
>
> （1）民间借贷合同是否成立？
> （2）民间借贷合同的效力如何？
> （3）民间借贷合同中的相关约定效力如何？
> （4）如果民间借贷合同或相关约定无效，后果如何？

1. 出借人以金融机构贷款、从其他营利法人处贷款、内部集资、非法吸收公众存款等方式取得的资金转贷的借贷合同，无效。

2. 职业放贷人与他人订立的民间借贷合同，无效。

3. 出借人事先知道或者应当知道借款人借款用于违法犯罪活动仍然提供借款的合同，无效。

4. 约定的利率超过合同成立时"1年期贷款市场报价利率（LPR）"4倍的部分，性质为高利贷，该超过部分的约定无效。

（六）租赁合同中的特别无效事由（《民法典》第705条；《城镇房屋租赁合同解释》第2、3条）

> **命题角度分析**
>
> **案情场景**
> 当事人双方订立了租赁合同。
>
> **提问角度**
>
> （1）租赁合同的效力如何？
> （2）租赁合同中的相关约定效力如何？
> （3）如果租赁合同或相关约定无效，后果如何？

1. 违法建筑或违法临时建筑出租的，租赁合同无效。

2. 经批准的临时建筑租赁合同，约定租期超过批准的使用期限的部分无效。

3. 租期超过20年的租赁合同，或租期超过20年的续租合同，超过20年的部分无效。

（七）建设工程施工合同中的无效事由（《民法典》第791条；《建设工程施工合同解释（一）》第1~4、42条）

> 📝 **命题角度分析**
>
> ⊙ **案情场景**
> 当事人双方订立了建设工程施工合同。
>
> ⊙ **提问角度**
> （1）建设工程施工合同的效力如何？
> （2）建设工程施工合同中的相关约定效力如何？
> （3）如果建设工程施工合同或相关约定无效，后果如何？

1. 发包、分包、转包的无效事由

（1）支解发包、分包。

（2）无资质、超越资质等级。但是，承包人在建设工程竣工前取得相应资质等级的，建设工程施工合同有效。

（3）没有资质的实际施工人借用有资质的建筑施工企业名义订立合同。

（4）建设工程必须进行招标而未招标或中标无效。

（5）主体工程分包。

（6）承包人未经发包人同意而分包。

（7）分包单位将其承包的工程再分包。

（8）转包。

2. 发包人未取得建设工程规划许可证等规划审批手续的，建设工程施工合同无效。例外有二：

（1）发包人在起诉前取得建设工程规划许可证等规划审批手续的；

（2）发包人能够办理审批手续而未办理，并以未办理审批手续为由请求确认建设工程施工合同无效的。

3. 实质性变更中标合同的约定无效。

4. 约定放弃或限制建设工程价款优先受偿权，损害建筑工人利益的，该约定无效。

（八）担保合同中的特别无效事由（《民法典》第401、683条；《担保制度解释》第3、6、49条）

> **命题角度分析**
>
> **▶ 案情场景**
> 债权人对债务人享有债权，担保人与债权人订立了担保合同。
>
> **▶ 提问角度**
> （1）担保合同的效力如何？
> （2）担保合同中的相关约定效力如何？
> （3）如果担保合同或相关约定无效，后果如何？

1. 担保合同中约定的担保责任，大于主债额的部分，无效。

2. 流质约款无效。担保合同约定，债务人不履行到期债务，由担保权人取得担保物所有权的，担保权人只能就担保财产的价值优先受偿。

3. 非营利法人作为担保人的：

（1）原则上，担保合同无效。

（2）例外情形：

❶在购入或者以融资租赁方式承租公益设施时，出卖人、出租人为担保价款或者租金实现而在该公益设施上保留所有权；

❷以公益设施以外的财产设立担保物权。

4. 违法建筑抵押

（1）以违法的建筑物抵押的，抵押合同无效，但是一审法庭辩论终结前已经办理合法手续的除外；

（2）当事人以建设用地使用权依法设立抵押，土地上存在违法的建筑物的，不影响建设用地使用权抵押合同的效力。

考点 14 撤销权

（一）可撤销的合同（《民法典》第147~151条；《总则编解释》第19~22条；《合同编通则解释》第5条）

📝 **命题角度分析**

➡ **案情场景**

当事人双方订立了合同，但一方意思表示不真实。

➡ **提问角度**

（1）是否存在意思表示不真实？

（2）意思表示不真实的一方行使或未行使撤销权的，后果如何？

1. 可撤销事由

（1）欺诈

❶ 与交易无关的事由上的欺骗，不构成欺诈。

❷ 第三人欺诈

第一，在相对人知道或应当知道该欺诈行为时，受欺诈方有权请求撤销合同；

第二，受欺诈方可请求第三人赔偿损失。

（2）胁迫

❶ 胁迫的本质，是通过威胁、强制手段，迫使对方当事人与之达成合意，强迫成交。

❷ 第三人胁迫

第一，受胁迫方有权请求法院或者仲裁机构撤销合同；

第二，受胁迫方可请求第三人赔偿损失。

案情：甲、乙订立合同，丙对甲欺诈或胁迫。

情　　形	可否撤销		侵权责任
丙对甲欺诈	乙知情，甲可撤销	乙不知情，甲不可撤销	甲可请求丙赔偿损失
丙对甲胁迫	甲可撤销		

（3）重大误解

❶错误。笔误、口误、转达错误的，适用重大误解。

❷误解

第一，对交易性质的误解；

第二，对交易对象的误解；

第三，对交易标的的误解。

（4）显失公平

显失公平，是指一方当事人利用自己的优势，或利用对方的危难处境，致使双方的权利义务明显违反公平、等价有偿原则的行为。

2. 可撤销合同中撤销权的行使方式

可撤销合同中，撤销权的行使方式须为诉讼或仲裁。

（二）狭义无权代理中相对人的撤销权（《民法典》第171条第2款）

命题角度分析

> **案情场景**
>
> 行为人没有代理权，却以被代理人的名义，与相对人订立了合同，且不存在表见事由，令相对人相信行为人享有代理权。
>
> **提问角度**
>
> （1）相对人能否撤销与行为人之间的合同？方式如何？
>
> （2）相对人的撤销权与被代理人的追认权、拒绝权之间的关系如何？

被代理人（追认权、拒绝权）

行为人　　　　　相对人（催告权、撤销权）

1. 狭义无权代理中，相对人享有撤销权的条件：

（1）被代理人未追认；

（2）相对人善意。

2. 相对人撤销权的行使方式

狭义无权代理中，相对人撤销权的行使方式为单方通知。

（三）债权人的撤销权（《民法典》第538、539条；《合同编通则解释》第41~44、46条）

债权人 —— 债务人 ——不当处分→ 第三人

命题角度分析

案情场景

债权人对债务人享有债权，债务人将其财产向第三人处分。

提问角度

（1）债权人能否撤销债务人向第三人处分财产的行为？

（2）债权人如何行使撤销权？

（3）与民事法律行为无效的后果相结合，考查债权人行使撤销权的后果。

1. 债权人撤销权的成立条件

（1）债务人对第三人的不当处分行为发生在债权人的债权存续期间。

（2）债务人向第三人实施了不当处分行为。

"不当处分行为"包括三类：

❶无偿处分行为，包括：

第一，无偿转让财产。

第二，放弃债权担保。

第三，债务人对第三人放弃债权、恶意延长债期。

A. 债权人对次债务人提起代位权之诉"之前"，债务人无正当理由减免次债务人的债务或延长次债务人的债期的，债权人应当"先撤销、后代位"；

B. 债权人对次债务人提起代位权之诉"之后"，债务人无正当理由减免次债务人的债务或延长次债务人的债期的，次债务人不得以此对债权人提出抗辩，即债权人无需"先撤销、后代位"。

❷不等价处分行为，包括：

第一，以明显不合理的低价转让财产（达不到正常价格的70%）；

第二，以明显不合理的高价受让财产（超出正常价格30%）；

第三，债务人与第三人存在亲属关系、关联关系的，纵然未突破上述70%、30%的价格，也可构成不等价处分。

❸为他人债务提供担保行为

在"不等价处分""为他人债务提供担保"的情况下，债权人撤销权的成立，以第三人"恶意"为条件，即第三人知道或应当知道该处分行为会损及债权人的债权。

不当处分类型	具体表现	特殊规则
无偿处分	无偿转让	（无）
	放弃担保权	
	放弃债权	先撤销、后代位；已经提起代位权之诉的，除外
	恶意延长债期	
	其他	（无）
不等价处分	达不到正常价格的70%转让	第三人需恶意
	超出正常价格30%受让	
	关联交易、近亲属间交易	
为他人债务提供担保	为他人债务提供担保	

2. 债权人撤销权的行使方式

债权人撤销权的行使方式为诉讼。

（1）当事人排列

❶原告：债权人；

❷共同被告：债务人、第三人。

（2）管辖法院：被告住所地法院。

	撤销事由	撤销权行使方式
可撤销合同中的撤销权	意思表示不真实	诉讼或仲裁
狭义无权代理中的相对人撤销权	狭义无权代理	单方通知
债权人撤销权	债务人对第三人不当处分	诉讼

3. 撤销权之诉的合并审理

(1) 债务人的多个债权人均提起撤销权之诉的,法院可以合并审理。

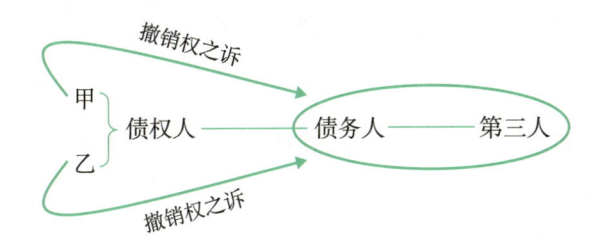

```
           撤销权之诉
    甲 ┐        ↗
       ├ 债权人 ── 债务人 ── 第三人
    乙 ┘        ↘
           撤销权之诉
```

(2) 债权人提起撤销权之诉后,又在受理撤销权之诉的法院对债务人提起原债之诉的:

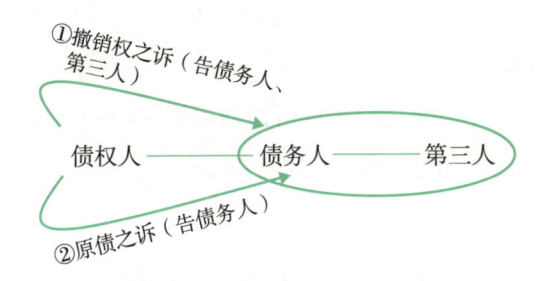

```
        ①撤销权之诉(告债务人、
         第三人)
                ↗
       债权人 ── 债务人 ── 第三人
                ↘
        ②原债之诉(告债务人)
```

❶ 受理撤销权之诉的法院对该原债之诉有管辖权的,两诉可以合并审理;
❷ 受理撤销权之诉的法院对该原债之诉没有管辖权的,告知其向有管辖权的法院起诉。

考点 15 合同无效、被撤销的法律后果(《民法典》第 157 条;《合同编通则解释》第 13、25 条)

📝 命题角度分析

➡ 案情场景

当事人双方订立了合同,该合同自始无效或被撤销。

➡ 提问角度

(1) 因无效合同取得对方财产的,是否应当返还该财产?
(2) 因合同无效遭受损失的一方,是否有权请求对方赔偿损失?

（一）合同无效、可撤销的定性，与登记无关

有无效或可撤销事由的合同，即使办理了相关的登记手续（备案登记、过户登记等），或经主管部门审批，依然是无效或可撤销合同。

（二）返还财产

合同无效、被撤销，一方当事人因该合同而取得的财产或获得的利益，应当返还给对方当事人。

1. 返还现金一方，应支付利息。

（1）返还义务人对合同的无效、被撤销有过错的，按"1年期贷款市场报价利率（LPR）"计算利息；

（2）返还义务人对合同的无效、被撤销没有过错的，按"同期同类存款基准利率"计算利息。

2. 返还标的物一方，使用或依法可以使用标的物的，应支付使用费。

3. 当事人主动提出利息与使用费相互抵销的，可以抵销。

（三）赔偿损失

1. 合同无效、被撤销造成财产损失的，有过错的一方应当承担由此造成的损失。该项责任的性质为"缔约过失责任"。

2. 在合同无效、被撤销的情况下，无过错方有权索赔的数额不应超过合同有效且履行时无过错方可以获得的利益。

专题 5　合同的主体变动

考点 16　"赶走恶龙，成为恶龙"（《民法典》第 519、524、700 条；《担保制度解释》第 20 条）

（一）代为履行：享有"债权人的权利"

命题角度分析

▶ **案情场景**
债权人对债务人享有债权，第三人代为履行了债务人的债务。

▶ **提问角度**
（1）第三人可否向债务人追偿？
（2）第三人对债务人的追偿权可否受到债权人所享有的担保权的担保？
（3）第三人对债权人担保权的享有与债权人对自己担保权的享有之间，关系如何？

1. 代为履行的第三人有权向债务人追偿。
2. 代为履行的第三人对债务人的追偿权，可受到债权人所享有的任何担保权（对债务人的担保权、对第三人的担保权）的担保。
3. 不得损害债权人的利益。

迷你案例

案情：甲银行借给乙公司 100 万元。乙公司以房屋 A 向甲银行设立抵押，丙以房屋 B 向甲银行设立抵押，均办理了抵押登记。现马小芸代乙公司向甲银行偿还了 80 万元借款。

问 1：马小芸能否向乙公司追偿 80 万元？为什么？

答案：能。马小芸代为履行，可享有债权人甲银行的权利，包括甲银行对乙公司的债权，故其有权向乙公司追偿。

问 2：马小芸对乙公司的追偿权，能否受到乙公司、丙为甲银行设立的房屋 A、B 上的抵押权的担保？为什么？

答案：能。马小芸代为履行，可享有债权人甲银行的权利，包括甲银行的担保权，故其追偿权可受到甲银行担保权的担保。

问 3：甲银行对乙公司、丙的抵押权，与马小芸对乙公司、丙的抵押权，受偿顺位如何？为什么？

答案：甲银行优先于马小芸受偿。马小芸代为履行，可享有债权人甲银行的权利，但不得损害债权人甲银行的利益。

（二）连带债务人超额履行

命题角度分析

案情场景

债权人对连带债务人享有债权，部分连带债务人超额履行了债务。

提问角度

（1）超额履行的连带债务人可否向其他连带债务人追偿？

（2）超额履行的连带债务人对其他连带债务人的追偿权可否受到债权人所享有的担保权的担保？

（3）超额履行的连带债务人对债权人担保权的享有与债权人对自己担保权的享有之间，关系如何？

1. 超额履行的连带债务人就其超额履行的部分，有权向其他连带债务人追偿。

2. 超额履行的连带债务人对其他连带债务人的追偿权，可受到债权人所享有的任何担保权（对债务人的担保权、对第三人的担保权）的担保。

3. 不得损害债权人的利益。

迷你案例

案情：甲银行借给乙公司、马小芸 100 万元，约定乙公司、马小芸承担连带还款责任。乙公司、马小芸约定其内部份额比例为 1∶1。乙公司以房屋 A 向甲银行设立抵押，丙以房屋 B 向甲银行设立抵押，均办理了抵押登记。现马小芸向甲银行偿还了80万元借款。

问1：马小芸能否向乙公司追偿30万元？为什么？

答案：能。连带债务人马小芸在超额履行范围内，可享有债权人甲银行的权利，包括甲银行对乙公司的债权，故其有权向乙公司追偿。

问2：马小芸对乙公司的追偿权，能否受到乙公司、丙为甲银行设立的房屋A、B上的抵押权的担保？为什么？

答案：能。连带债务人马小芸在超额履行范围内，可享有债权人甲银行的权利，包括甲银行的担保权，故其追偿权可受到甲银行担保权的担保。

问3：甲银行对乙公司、丙的抵押权，与马小芸对乙公司、丙的抵押权，受偿顺位如何？为什么？

答案：甲银行优先于马小芸受偿。连带债务人马小芸在超额履行范围内，可享有债权人甲银行的权利，但不得损害债权人甲银行的利益。

（三）第三担保人偿还债务：享有"债权人对债务人的权利"

命题角度分析

案情场景

债权人对债务人享有债权，第三担保人代为履行了债务人的债务。

提问角度

（1）第三担保人可否向债务人追偿？

（2）第三担保人对债务人的追偿权可否受到债权人所享有的担保权的担保？

（3）第三担保人对债权人担保权的享有与债权人对自己担保权的享有之间，关系如何？

（4）与共同担保相结合，考查承担责任的第三担保人与其他担保人之间的关系。

1. 承担担保责任的第三担保人有权向债务人追偿。

2. 承担担保责任的第三担保人对债务人的追偿权，可受到债权人所享有的对债务人的担保权（不包括对第三人的担保权）的担保。

3. 不得损害债权人的利益。

4. 在各第三担保人之间约定可相互分担或连带承担担保责任，或者各第三担保人在同一担保合同上签字的情况下，承担担保责任的第三担保人还有权请求其他第三担保人分担。

迷你案例

案情：甲银行借给乙公司 100 万元。乙公司以房屋 A 向甲银行设立抵押，丙以房屋 B 向甲银行设立抵押，均办理了抵押登记；马小芸向甲银行提供连带责任保证。现马小芸代乙公司向甲银行偿还了 80 万元借款。

问 1：马小芸能否向乙公司追偿 80 万元？为什么？

答案：能。第三担保人马小芸偿还债务，可享有债权人甲银行对债务人乙公司的权利，包括甲银行对乙公司的债权，故其有权向乙公司追偿。

问 2：马小芸对乙公司的追偿权，能否受到乙公司为甲银行设立的房屋 A 上的抵押权的担保？为什么？

答案：能。第三担保人马小芸偿还债务，可享有债权人甲银行对债务人乙公司的权利，包括甲银行对乙公司房屋 A 上的抵押权，故其追偿权可受到该抵押权的担保。

问 3：甲银行对乙公司房屋 A 上的抵押权，与马小芸对乙公司房屋 A 上的抵押权，受偿顺位如何？为什么？

答案：甲银行优先于马小芸受偿。第三担保人马小芸偿还债务，可享有债权人甲银行对债务人乙公司的权利，但不得损害债权人甲银行的利益。

问 4：马小芸偿还 80 万元后，对丙享有什么权利？

答案：依法追偿。在马小芸与丙约定可相互分担或连带承担担保责任，或者在同一合同书上签字的情况下，马小芸可请求丙分担。

第三人代为履行	(1) 可享有债权人的债权；（追偿权）	不得损害债权人利益
连带债务人超额履行	(2) 可享有债权人对债务人、第三人的担保权。	
第三担保人偿还债务	(1) 可享有债权人的债权；（追偿权） (2) 可享有债权人对债务人的担保权。	

考点 17 债权转让（《民法典》第 545、546 条；《合同编通则解释》第 48、49 条）

（一）债权转让的要件

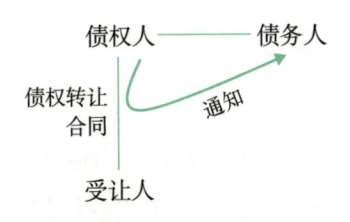

```
        债权人 ────────→ 债务人
          │          ↗
   债权转让│    通知
     合同 │
          ↓
        受让人
```

> **命题角度分析**
>
> ● **案情场景**
> 债权人对债务人享有债权，债权人将债权转让给了受让人。
>
> ● **提问角度**
> （1）受让人何时享有债权？
> （2）通知或未通知债务人的法律后果。
> （3）与担保责任相结合，考查担保人是否应当继续承担担保责任。

1. 债权转让合同一经生效，受让人即取得债权。
2. 债权转让通知到达债务人时，债务人即应当对受让人履行债务。

迷你案例

案情：甲公司对乙公司享有货款债权 100 万元。甲、丙公司订立了债权转让合同，约定甲公司将该笔债权转让给丙公司。乙公司在债务到期后，向甲公司履行了债务。

问 1：丙公司是否取得了该笔债权？为什么？

答案：是。因为债权转让合同一经生效，债权即告转让。

问 2：如果甲、丙公司未将债权转让之事通知乙公司，乙公司的债务是否消灭？

答案：是。因乙公司未接到通知，故其向甲公司履行债务，对象正确，其债务消灭。此时，丙公司可向甲公司主张不当得利的返还。

问3：如果甲公司已经将债权转让之事通知了乙公司，乙公司的债务是否消灭？为什么？

答案：否。因乙公司已接到通知，故其向甲公司履行债务，对象不正确，其债务不能消灭。此时，乙公司可向甲公司主张不当得利的返还。

（二）通知的方式与撤销

1. 通知的方式

（1）书面、口头、起诉状副本送达，均为通知；

（2）因未及时通知给债务人造成的损失或增加的费用，债务人有权请求从认定的债权数额中扣除。

2. 通知的撤销

（1）债权转让的通知到达债务人后，原债权人撤销通知的，需经受让人同意；

（2）原债权人未撤销通知，仅以债权转让合同不成立、无效、被撤销或确定不发生效力为由，请求债务人向自己履行，债务人向受让人履行的，对象正确，债务消灭。

（三）当事人约定债权不得转让

命题角度分析

> **案情场景**
> 债权人对债务人享有债权，双方约定债权人不得向他人转让其债权。结果债权人还是将债权转让给了受让人，并通知了债务人。
>
> **提问角度**
> （1）当事人关于债权不得转让的约定，效力如何？
> （2）债权人违反约定将该债权转让给受让人，是否对债务人构成违约？
> （3）受让人能否取得该债权？
> （4）债务人能否根据不得转让的约定，拒绝向受让人履行债务？

1. 当事人约定非金钱债权不得转让的，不得对抗善意第三人。
2. 当事人约定金钱债权不得转让的，不得对抗第三人。

> **迷你案例**

案情：甲、乙约定，甲对乙的债权不得转让。甲违反该约定，将对乙的债权转让给丙，且通知了乙。现丙请求乙履行债务，乙以"债权不得转让之约定"为由主张抗辩。

问1：如果甲向丙转让的是非金钱债权，乙可否以"债权不得转让之约定"为由主张抗辩？

答案：视情况而定。①如果丙构成善意，即不知道且不应当知道该约定，则乙不得抗辩；②如果丙构成恶意，即知道或应当知道该约定，则乙可以抗辩。

问2：如果甲向丙转让的是金钱债权，乙可否以"债权不得转让之约定"为由主张抗辩？

答案：不可以。无论丙构成善意还是恶意，乙均不得主张抗辩。

考点 18 债务转让与债务加入（《民法典》第 551~553 条；《合同编通则解释》第 51 条）

```
     债权人 ────── 债务人
         ↖        │
      征得同意    │债务承担
                   │合同
          受让人
```

（一）债务转让

> **命题角度分析**

➡ 案情场景

债权人对债务人享有债权，债务人将债务转让给受让人。

➡ 提问角度

（1）债务人与受让人之间的债务承担合同效力如何？

（2）受让人何时取得债务？

（3）与担保责任相结合，考查担保人是否应当继续承担担保责任。

1. 债务人与受让人订立债务承担合同，该合同一经成立，效力待定。

2. 征得债权人的同意

（1）债权人同意的，债务承担合同自始有效，即从合同成立时，受让人就承担了债务；

（2）债权人反对的，债务承担合同自始无效，即债务从未发生转让。

（二）债务加入

📝 **命题角度分析**

> ➡ **案情场景**
>
> 债权人对债务人享有债权，第三人加入了债务人的债务。
>
> ➡ **提问角度**
>
> （1）第三人何时加入债务人的债务？
>
> （2）第三人加入债务人的债务的后果如何？
>
> （3）与保证相结合，考查债务加入与保证的辨析。
>
> （4）与第三人代为履行相结合，考查债务加入与第三人代为履行的辨析。

1. 含义：第三人加入债务人行列，与债务人承担连带债务。

2. 效力

（1）通知到达债权人之日，第三人对债务人的债务承担连带责任；

（2）债权人有权在合理期限内拒绝第三人加入债务。

3. 第三人承担债务的法律后果

（1）加入债务的第三人履行债务的，有权向债务人追偿；

（2）加入债务的第三人向债务人追偿的，债务人可对该第三人主张其对债权人的抗辩权。

考点 19 ▶ 债权转让、债务转让对担保责任的影响（《民法典》第 421、696、697 条；《担保制度解释》第 20 条）

（一）债权转让对担保责任的影响

📝 **命题角度分析**

> ➡ **案情场景**
>
> 债权人对债务人享有债权，担保人为债权人的债权提供担保。现债权

人向受让人转让债权。

> 🔵 **提问角度**
>
> 债权转让后，担保人是否对债权受让人继续承担担保责任？

1. 一般规则

（1）原则上，在主债关系中，债权人将债权转让给受让人的，受让人有权请求担保人承担担保责任。

（2）例外情况有二：

❶担保人与债权人约定禁止债权转让，债权人未经担保人书面同意转让债权的，担保人对受让人不再承担担保责任。

债权人、债务人约定：金钱债权不得转让	不得对抗第三人
债权人、债务人约定：非金钱债权不得转让	不得对抗善意第三人
债权人、担保人约定：受担保债权不得转让	可以对抗第三人

❷债权转让未通知第三担保人的，第三担保人不向受让人承担担保责任。

2. 最高额抵押担保中的债权转让

债权人将最高额抵押担保框架范围内的部分债权对外转让，该债权是否继续受到担保，当事人明确约定的，从其约定。当事人未作约定的：

（1）最高额抵押担保的债权确定前，部分债权转让的，转让的债权不受担保；

（2）最高额抵押担保的债权确定后，部分债权转让的，转让的债权受到担保。

迷你案例

案情：乙公司欲向甲银行连续贷款，遂以房屋 A 为甲银行设立最高额抵押，约定最高担保额为 100 万元，担保期间自 2022 年 1 月 1 日至 2022 年 12 月 31 日，并约定将 2021 年 10 月 15 日甲银行对乙公司的一笔 10 万元借款债权纳入担保范围。合同订立后，办理了抵押登记。此外，丙为甲银行设立了最高额连带责任保证，约定最高担保额为 100 万元，担保期间自 2022 年 1 月 1 日至 2022 年 12 月 31 日，且所担保的债权不得转让。及至 2022 年 12 月 31 日，甲银行共向乙公司发放贷款 80 万元。

问 1：乙公司、丙的最高额担保责任各自有多大？为什么？

答案：乙公司的最高额抵押担保责任为 90 万元，丙的最高额保证责任为 80 万元。因为甲银行与乙公司约定将 2021 年 10 月 15 日的一笔 10 万元的借款债权纳入最高额抵押担保的范围，而甲银行与丙却无此项约定，故丙对该笔债权不承担保证责任。

问 2：2023 年 1 月 15 日，甲银行将 80 万元债权中的 30 万元转让给了丁资产管理公司，通知了乙公司和丙。

(1) 乙公司是否应当对此笔债权继续承担最高额抵押担保责任？为什么？

答案：是。因为最高额抵押担保的债权确定后，部分债权转让的，转让的债权受到担保。

(2) 丙是否应当对此笔债权继续承担最高额保证责任？为什么？

答案：否。尽管最高额担保的债权确定后，部分债权转让的，转让的债权受到担保，但是由于丙与甲银行约定了所担保的债权不得转让，因此，丙对转让的债权不再承担最高额保证责任。

（二）债务转让对担保责任的影响

> ✏️ 命题角度分析
>
> ➡ **案情场景**
> 债权人对债务人享有债权，担保人为债权人的债权提供担保。现经债权人同意，债务人向受让人转让债务。
>
> ➡ **提问角度**
> 债务转让后，担保人是否对债权人继续承担担保责任？

1. 第三人担保的，主债务转让，未经第三担保人书面同意的，担保责任消灭。

2. 债务人担保的，主债务转让，担保人需继续承担担保责任。

专题 6　合同的标的变动

考点 20　添附（《民法典》第 322 条）

命题角度分析

案情场景

一方当事人的财产与另一方当事人的财产或劳务发生添附，形成了一个新物。

提问角度

（1）添附而成的新物归属于谁？

（2）取得新物的当事人一方与对方的关系如何？

（3）一方与对方添附的财产是抵押物的，抵押权如何行使？

（4）与请求权性质相结合，考查在买卖合同"多交货"的情况下，出卖人请求买受人返还多交之货物的请求权性质。

（一）添附物的归属

1. 动产与不动产发生附合的，动产归不动产权利人。
2. 混合物的所有权，归属于价值较大的一方。

（二）添附的后果

一方取得添附物的，对另一方构成不当得利。

迷你案例

案情：甲公司购买了乙公司的 10 台 A 型微波炉。因装点失误，乙公司将 11 台 A 型微波炉和 1 台 B 型微波炉交付甲公司。

问 1：乙公司多交的 1 台 A 型微波炉是谁的？为什么？

答案：甲公司的。因为该台 A 型微波炉与甲公司购买的 10 台 A 型微波炉发生混合，故归属于甲公司。

问2：乙公司能否请求甲公司返还多交的1台A型微波炉？为什么？

答案：可以。甲公司基于混合取得多交的1台A型微波炉，构成不当得利，乙公司可基于不当得利之债权请求权要求甲公司返还。

问3：乙公司多交的1台B型微波炉是谁的？为什么？

答案：乙公司的。因为该台B型微波炉与甲公司购买的10台A型微波炉并未发生混合，故仍归属于乙公司。

问4：乙公司能否请求甲公司返还多交的1台B型微波炉？为什么？

答案：可以。甲公司对该台B型微波炉构成无权占有，乙公司可基于物权请求权要求甲公司返还。

问5：如果在甲公司返还之前，因甲公司未履行法院的另案生效判决，法院将该12台微波炉予以扣押，则乙公司可就哪一种微波炉提出执行异议？为什么？

答案：B型微波炉。因为该台B型微波炉归乙公司所有，并非甲公司的责任财产。

考点21 ▶ 担保物产生孳息（《民法典》第321、412、430、452、630条）

命题角度分析

⇨ 案情场景

原物产生了孳息。

⇨ 提问角度

(1) 孳息归属于谁？

(2) 原物所有权人的债权人能否诉请法院对孳息采取执行措施？

(3) 与侵权责任相结合，考查孳息被他人损害的，谁有权追究致害人的侵权责任。

（一）一般规则

孳息归原物所有权人所有，但当事人另有约定或法律另有规定的除外。

（二）买卖标的物产生孳息

买卖标的物所产生的孳息，其收取权随标的物的直接占有的转移而转移，即标的物在直接占有转移之前产生的孳息，归出卖人所有；之后产生的孳息，归买受人所有。

（三）担保物产生孳息

> **命题角度分析**
>
> **➡ 案情场景**
>
> 债权人对债务人享有债权，担保人以担保物为债权人设立担保。在担保期间，担保物产生了孳息。
>
> **➡ 提问角度**
>
> （1）孳息由谁收取？
>
> （2）孳息上是否负担担保物权？孳息上负担担保物权的，可优先充抵何种债权？
>
> （3）与物上代位效力相结合，考查孳息毁损、灭失，但出现保险金、赔偿金、补偿金等价值代位物的，担保物权人能否就价值代位物优先受偿。

1. 抵押物的孳息收取

（1）在抵押物被查封、扣押之前，抵押物的孳息由抵押人收取，且不构成抵押权的客体；

（2）在抵押物被查封、扣押之后，抵押物的孳息由抵押权人收取，构成抵押权的客体，且优先充抵收取孳息的费用；

（3）抵押权人在抵押物被查封、扣押后，如欲收取抵押物的法定孳息，必须以通知法定孳息义务人为条件。

2. 质物、留置物的孳息收取

（1）在质押、留置期间，质物、留置物的孳息，由质权人、留置权人收取；

（2）质权人、留置权人取得的孳息，应当优先充抵收取孳息的费用。

考点 22 ▶▶ 买卖物发生风险（《民法典》第 604~608 条）

📝 命题角度分析

➡ 案情场景

买卖双方订立了买卖合同。在买卖过程中，买卖物毁损、灭失。

➡ 提问角度

（1）买卖双方谁承担风险？

（2）买卖双方谁承担损失？

（3）买卖合同的价金是否需要支付？如果支付了，是否可主张返还？

（4）与违约责任相结合，考查买受人未如约支付价款的，是否构成违约且承担违约责任。

（一）直接易手

1. 当事人有约定的，从其约定。

2. 当事人无约定的：

（1）买卖合同+交货=风险转移；

（2）买卖合同+受领迟延=风险转移。

（二）间接易手

1. 出卖人代办托运

（1）买卖合同的当事人双方明确约定承运人的交付地点的，出卖人将货物交付给承运人时，风险不发生转移。待承运人将标的物运抵该地点，交付给买受人时，风险由出卖人转移给买受人。

（2）买卖合同的当事人双方未明确约定承运人的交付地点的，出卖人将货物交付给承运人时，风险由出卖人转移给买受人。

2. 在途货物买卖

（1）在途货物，是指由承运人正在运输的途中货物。出卖人与买受人订立的在途货物买卖合同一经生效，除当事人另有约定外，在途货物的风险即由出卖人转移给买受人。

（2）在途货物买卖合同成立时，标的物已经发生风险的，买受人不承担该风险。

考点 23　不动产处分的限制

（一）买卖预告登记（《民法典》第 221 条第 1 款）

📝 **命题角度分析**

➡ **案情场景**

买卖双方订立了某一房屋的买卖合同，办理了买卖预告登记后，出卖人又将该房屋出卖或抵押给了第三人。

➡ **提问角度**

（1）出卖人与第三人之间的房屋买卖或抵押合同的效力如何？

（2）第三人能否取得该房屋的所有权或抵押权？

办理买卖预告登记后，未经预告登记的权利人（买受人）同意，出卖人再次处分（出卖、抵押）该不动产的：①不发生物权变动的效力；②合同的债权效力不受影响。

（二）异议登记（《民法典》第 220 条）

📝 **命题角度分析**

➡ **案情场景**

房屋所有权登记在一方当事人名下，另一方当事人对此登记存在异议，办理了异议登记。所有权登记人将房屋出卖或抵押给了第三人。

➡ **提问角度**

（1）所有权登记人与第三人之间的房屋买卖或抵押合同的效力如何？

（2）第三人能否取得该房屋的所有权或抵押权？

办理异议登记后，未经异议登记的权利人（异议人）同意，登记的所有权人再次处分（出卖、抵押）该不动产的：

1. 异议成立

登记的所有权人构成无权处分，债权合同有效，但受让人不得善意取得。

2. 异议不成立

登记的所有权人构成有权处分，债权合同有效，受让人可以继受取得。

考点 24 　租赁物的处分

（一）租赁物所有权变动（《民法典》第 726~728 条；《城镇房屋租赁合同解释》第 14 条；《担保制度解释》第 54 条）

命题角度分析

➡ 案情场景

出租人将租赁物出租给承租人。在租赁期间，因出租人出卖租赁物或其他原因，租赁物的所有权发生变动。

➡ 提问角度

（1）承租人可否主张买卖不破租赁的保护？

（2）承租人可否主张同等条件下的优先购买权？

（3）与动产抵押相结合，考查未经登记的动产抵押权不得对抗善意承租人。

1. 优先购买权

适　用	限制（受让人"太厉害"或承租人弃权）		其　他
房屋租赁	受让人"太厉害"	（1）房屋按份共有人行使优先购买权； （2）出租人将房屋出卖给近亲属； （3）第三人购买并登记。	（1）提前通知时间：一般提前 15 日；拍卖提前 5 日。 （2）出租人侵害优先购买权： ○可以向出租人索赔； ○但不得主张买卖合同无效。
	承租人弃权	（1）承租人 15 日内未明确表示购买； （2）承租人未参加拍卖。	

> **注意**：建筑物的部分承租人在建筑物整体转让的情况下，不享有优先购买权。

2. 买卖不破租赁

适　　用	限制（承租人知道自己租到抵押物）	
所有租赁 （承租人占有）	租到抵押物	抵押权成立在先。
	承租人知道	（1）抵押权已经登记； （2）抵押权未登记，但承租人依然知道或应当知道。

迷你案例

案情：甲将房屋 A 和机器设备 B 抵押给了建设银行，就房屋 A 办理了抵押登记。随后，甲又将房屋 A 和机器设备 B 出租给了乙，乙对机器设备 B 抵押之事不知情。现建设银行欲行使抵押权，将房屋 A 和机器设备 B 出卖给丙。

问 1：乙能否对房屋 A 主张买卖不破租赁的保护？为什么？

答案：不可以。建设银行的房屋 A 抵押权成立在先，且已经登记，乙不能主张买卖不破租赁的保护。

问 2：乙能否对房屋 A 主张优先购买权？为什么？

答案：可以。在不动产租赁物转让的情况下，承租人享有同等条件下的优先购买权，且本题中并未出现优先购买权的限制情况。

问 3：乙能否对机器设备 B 主张买卖不破租赁的保护？为什么？

答案：可以。尽管建设银行的机器设备 B 抵押权成立在先，但未经登记，且乙为善意，故乙可以主张买卖不破租赁的保护。

问 4：乙能否对机器设备 B 主张优先购买权？为什么？

答案：不可以。在动产租赁物转让的情况下，承租人不享有优先购买权。

（二）承租人擅自转租（《民法典》第 716、718 条）

命题角度分析

案情场景

出租人将租赁物出租给承租人，承租人未经出租人同意，又将租赁物转租给次承租人。

提问角度

（1）出租人能否请求次承租人交付租金？

> (2) 出租人能否请求次承租人返还租赁物？
> (3) 出租人能否解除其与承租人之间的租赁合同？
> (4) 出租人能否解除承租人与次承租人之间的租赁合同？
> (5) 与迟延履行解除权相结合，考查在承租人对出租人迟延支付租金，经催告仍不履行时，出租人享有几个解除权。

1. 出租人有权解除其与承租人之间的合同，进而请求次承租人返还租赁物。

2. 出租人因承租人擅自转租所享有的解除权，除斥期间为出租人知道或应当知道承租人擅自转租事实之日起 6 个月。出租人逾期未行使解除权的，视为同意转租。

考点 25 ▶ 动产抵押人处分抵押物

（一）动产抵押人出卖抵押物（《民法典》第 404、406 条；《担保制度解释》第 56 条）

📝 命题角度分析

> **➡ 案情场景**
> 债权人对债务人享有债权，抵押人为债权人设立抵押。在抵押期间，抵押人将抵押物转让给受让人。
>
> **➡ 提问角度**
> (1) 未经抵押权人同意，抵押人能否转让抵押物？
> (2) 抵押人与受让人之间的抵押物转让合同效力如何？
> (3) 受让人能否取得抵押物的所有权？
> (4) 受让人取得抵押物的所有权后，其与抵押权人的关系如何？

1. 受让人构成"正常买受人"

(1) "正常买受人"的积极条件

❶ 在抵押人的正常经营活动中购买抵押物，即抵押人的经营活动属于其

营业执照明确记载的经营范围，且抵押人持续销售同类商品；

❷买受人已经支付了合理的对价；

❸买受人已经取得了抵押物的所有权。

（2）受让人构成正常买受人的法律后果

❶抵押权消灭；

❷抵押权人可就价金主张提前清偿或提存。

2. 受让人不构成"正常买受人"

（1）抵押权登记的，抵押权不受影响，抵押权人仍可继续对受让人主张抵押权。

（2）抵押权未登记的，不得对抗善意受让人。

❶受让人为善意的，抵押权消灭。抵押权人有权就抵押人转让抵押物所得的价金主张提前清偿或提存。

❷受让人为恶意的，抵押权不受影响，抵押权人仍可继续对受让人主张抵押权。

迷你案例

案情：甲造船厂为建设银行设立了浮动抵押，办理了抵押登记。随后，甲造船厂将船A与车B出卖给了乙公司，乙公司支付了合理的价款后，甲造船厂向乙公司交付了船A和车B。

问1：建设银行能否对船A继续行使抵押权？为什么？

答案：不可以。甲造船厂将船A出卖给乙公司属于正常经营活动，乙公司支付了合理的对价，并且取得了船A的所有权，构成正常买受人。动产抵押权不得对抗正常买受人，故建设银行在船A上的抵押权消灭，只能就价金主张提前清偿或提存。

问2：建设银行能否对车B继续行使抵押权？为什么？

答案：可以。甲造船厂将车B出卖给乙公司不属于正常经营活动，乙公司不构成正常买受人。进而，因建设银行的浮动抵押权已经登记，故可对抗受让人，其抵押权不受影响。

（二）动产抵押人再次抵押、出质（《民法典》第414、416条；《担保制度解释》第57条）

> **命题角度分析**
>
> ➡ **案情场景**
>
> 债权人对债务人享有债权，抵押人以动产向债权人设立抵押权。在抵押期间，抵押人又将该动产抵押或出质给了第三人。
>
> ➡ **提问角度**
>
> （1）抵押权人与第三人的抵押权或质权的受偿顺位如何？
>
> （2）与一物多押情况下部分抵押权变更相结合，考查部分抵押权变更时，其他抵押权人利益的保护。

1. 原则

（1）有公示（登记、直接占有）的担保物权优先于无公示的担保物权；

（2）先公示（登记、直接占有）的担保物权优先于后公示的担保物权。

2. 价款抵押权

（1）价款抵押权的结构

❶ 主体。价款抵押权人，是指因为买受人购买动产提供价金融资，从而对买受人享有"价金融资债权"的"价款融资人"。其包括：

第一，赊账销售的出卖人；

第二，向买受人提供价金借款的出借人。

❷ 客体。价款抵押权的客体，就是买受人接受价款融资后所购买的动产。

（2）价款抵押权的效力

❶ 出卖人向买受人交付动产之日起10日内，买受人向"价款融资人"办理抵押登记的，"价款融资人"的抵押权可优先于"买受人以该动产为其他人设立的抵押权、质权"受偿；

❷ 同一动产上存在多个价款抵押权的，应当按照登记的时间先后确定清偿顺序。

> **迷你案例**
>
> 案情：1月2日，甲公司将机器设备A抵押给建设银行，并办理了抵押登记。

1月5日，乙公司将其现有及将有的所有动产为工商银行设立浮动抵押，并办理了抵押登记。1月8日，甲公司将机器设备A以100万元的价格出卖给了乙公司，约定乙公司向甲公司支付首期款40万元后，即可取走该设备，余款1年内付清。马小芸借给乙公司40万元，使乙公司向甲公司支付了首期款。1月10日，甲公司将机器设备A交付乙公司。1月12日，乙公司将机器设备A抵押给丙公司，并办理了抵押登记。1月15日，乙公司将机器设备A出质给丁公司并交付。1月17日，乙公司将机器设备A抵押给马小芸，担保马小芸的40万元借款债权，并办理了抵押登记。1月19日，乙公司将机器设备A抵押给甲公司，担保乙公司欠付的60万元价金债权，并办理了抵押登记。1月25日，因丁公司对机器设备A保管不善，发生毁损，丁公司遂将其交予戊公司维修。因丁公司未支付维修费，机器设备A被戊公司留置。

①建设银行　②工商银行　③丙公司　④丁公司　→　⑦戊公司　⑤马小芸　⑥甲公司

甲公司　——　乙公司

问1：谁是"价款融资人"？

答案：甲公司、马小芸。甲公司赊账销售机器设备A，马小芸提供机器设备A价金借款。

问2：谁是"抵押物买受人"？

答案：乙公司。

问3：谁是"抵押物买受人的其他抵押权人、质权人"？

答案：工商银行、丙公司、丁公司。①乙公司向工商银行设立浮动抵押后，所购入的机器设备A自动成为浮动抵押权的客体，故本质为乙公司将机器设备A抵押给了工商银行；②乙公司以机器设备A向丙公司、丁公司设立了抵押、质押。

问4：甲公司、马小芸的抵押权可否优先于工商银行、丙公司、丁公司的抵押权、质权？

答案：可以。甲公司、马小芸的抵押权担保其抵押物价款融资债权，且在甲公司向乙公司交付后10日内登记，构成价款抵押权，可优先于"抵押物买受人的其他抵押权人、质权人"。

问 5：甲公司、马小芸的抵押权可否优先于戊公司的留置权？
答案：不可以。同一动产上竞存多种担保物权的，留置权最为优先。

问 6：甲公司、马小芸的抵押权可否优先于建设银行的抵押权？
答案：不可以。建设银行是甲公司的抵押权人，并非"抵押物买受人的其他抵押权人、质权人"，故甲公司、马小芸不得凭价款抵押权优先于建设银行受偿，而只能适用一般受偿顺序规则，即建设银行的抵押权登记在甲公司、马小芸的抵押权之前，其可优先于甲公司、马小芸的抵押权。

问 7：甲公司、马小芸的抵押权受偿顺位如何？
答案：马小芸的抵押权优先于甲公司的抵押权受偿。同一动产上存在多个价款抵押权的，应当按照登记的时间先后确定清偿顺序。

问 8：本题中，竞存于机器设备 A 上的各担保物权的受偿顺位如何？
答案：戊公司的留置权——建设银行的抵押权——马小芸的抵押权——甲公司的抵押权——工商银行的浮动抵押权——丙公司的抵押权——丁公司的质权。

（三）动产抵押权与抵押人的债权人的关系（《民法典》第 404 条；《担保制度解释》第 54 条）

命题角度分析

◆ 案情场景

债权人对债务人享有债权，抵押人为债权人设立动产抵押，但未办理抵押登记，且抵押人也有自己的债权人。

◆ 提问角度

（1）在抵押物的价值上，抵押权人能否优先于抵押人的债权人受偿？
（2）与物权变动相结合，考查订立了动产抵押合同，但未办理抵押登记的，动产抵押权是否成立。

1. 动产抵押权，无论是否登记，均有权优先于抵押人的债权人受偿。
2. 抵押人的债权人对抵押物申请保全或执行抵押财产的：
（1）登记的动产抵押权人，有权优先于法院的执行受偿；

(2) 未经登记的动产抵押权人，只能就法院执行后的剩余价值受偿。

3. 抵押人破产的：

(1) 登记的动产抵押权人，有权优先于破产债权人受偿；

(2) 未经登记的动产抵押权人，只能与破产债权人平等受偿。

案情：抵押人将动产 A 抵押给抵押权人。

抵押人出卖抵押物	①构成正常买受人的，抵押权消灭，价金代位。 ②否则，抵押权登记的，不受影响；抵押权未登记的，不得对抗善意受让人。
抵押人抵押、出质抵押物	①原则：登记优先于未登记，先登记优先于后登记； ②存在价款抵押权的，可优先于买受人的其他抵押权人、质权人受偿。
抵押人存在债权人	①抵押权人可优先于普通债权人受偿； ②债权人申请强制的，未经登记的抵押权人只能就法院执行后的剩余价值受偿； ③抵押人破产的，未经登记的抵押权人只能与破产债权人平等受偿。

迷你案例

案情：甲公司为从乙银行贷款，将机器设备 A 抵押给乙银行。抵押合同订立后，未办理抵押登记。

问1：乙银行是否享有机器设备 A 上的抵押权？为什么？

答案：享有。因为动产抵押权的设立，适用公示对抗原则，抵押合同生效后，抵押权即告成立。

问2：若甲公司还欠丙公司货款 50 万元到期未付：

(1) 在机器设备 A 的价值上，乙银行能否优先于丙公司受偿？为什么？

答案：能。因为未经登记的动产抵押权依然具有优先受偿效力，故可优先于抵押人的普通债权人受偿。

(2) 如果丙公司申请法院将机器设备 A 扣押，在机器设备 A 的价值上，乙银行能否优先于丙公司受偿？为什么？

答案：不能。因为未经登记的动产抵押权，不得对抗申请强制的抵押人的债权人，故乙银行只能就丙公司通过法院执行后的剩余价值受偿。

(3) 如果甲公司破产，在机器设备 A 的价值上，乙银行能否优先于丙公司受偿？为什么？

答案：不能。因为未经登记的动产抵押权，不得对抗抵押人的破产债权人，故乙银行只能与丙公司平等受偿。

专题 7 合同的权利义务变动

考点 26 取回权(《民法典》第 634、642、643、752 条;《买卖合同解释》第 26 条、第 28 条第 1 款;《融资租赁合同解释》第 5 条)

命题角度分析

案情场景

当事人订立了分期付款买卖合同或保留所有权买卖合同或融资租赁合同,买受人或承租人价款或租金违约。

提问角度

(1) 出卖人或出租人能否取回买卖物或租赁物?

(2) 出卖人或出租人取回权的行使是否需要以解除合同为条件?

(3) 将分期付款买卖与保留所有权买卖相结合,考查出卖人取回的途径。

(一)分期付款买卖

分期付款买卖合同中,买受人迟延支付价款的数额达合同总价款的 1/5,经催告后在合理期限内仍不支付的,出卖人有权解除合同。由此产生的法律后果是:

1. 出卖人有权从买受人处取回标的物。

2. 出卖人有权请求买受人支付使用费。

3. 标的物发生毁损的,出卖人有权请求买受人支付赔偿金。

4. 出卖人应当返还买受人已经支付的价款。上述使用费、赔偿金,可以从价款中扣除。

(二)融资租赁

融资租赁合同中,承租人欠付租金 2 期或数额达总租金 15% 以上,经催告后在合理期限内仍不支付的，出租人有权解除融资租赁合同。由此产生的法律后果是：

1. 出租人有权收回租赁物。

2. 以"收回时租赁物的价值"充抵"承租人所欠债务数额"，多退少补。

（三）保留所有权买卖

1. 保留所有权买卖合同中，买受人未按约定支付价款，经催告后在合理期限内仍不支付的，出卖人有权取回标的物。但买受人已经支付总价款的75%以上的除外。

2. 出卖人取回标的物，无需以解除保留所有权买卖合同为条件。

3. 出卖人取回标的物的后果

（1）买受人有权在回赎期限内，消除取回事由后，主张回赎；

（2）买受人未在回赎期限内回赎的，出卖人有权将标的物另行卖予他人，以所得价金受偿其在保留所有权买卖中未获清偿的债权。

	条件	需否解约	后果
分期付款买卖	价金违约1/5	解约取回	退货还钱，扣除使用费、赔偿金
融资租赁	租金违约2期或15%	解约取回	以租赁物的价值受偿债权
保留所有权买卖	价金违约，但已付75%以上的除外	无需解约	不赎再卖，以标的物的价值受偿债权

迷你案例

案情：甲公司将一台机器设备以100万元的价格出卖给乙公司，双方约定乙公司分期付款，在价款付清前，甲公司保留所有权。现乙公司已支付40万元，迟延付款30万元，经催告仍不履行。

问1：甲公司能否凭分期付款买卖取回机器设备？为什么？后果如何？

答案：能。从分期付款买卖以观，乙公司迟延付款的数额达总价款的30%，超过1/5，甲公司可解除买卖合同，取回机器设备，并向乙公司退还其已支付的40万元价金，但可扣除使用费、赔偿金。

问2：甲公司能否凭保留所有权买卖取回机器设备？为什么？后果如何？

答案：能。从保留所有权买卖以观，乙公司迟延付款，且已付价款的数额并未超过总价款的75%，甲公司无需解除合同即可取回机器设备。乙公司逾期不赎的，甲公司有权再卖，并以价金优先受偿其债权。

考点27 剥夺债务人的期限利益（《民法典》第634、752条）

📝 命题角度分析

➡ 案情场景

当事人订立了分期付款买卖合同或融资租赁合同，买受人或承租人价金或租金违约。

➡ 提问角度

（1）出卖人或出租人能否请求买受人或承租人一次性支付全部价款？

（2）与违约责任相结合，考查债务人未一次性支付全部价款时违约责任的承担。

（3）与诉讼时效相结合，考查债务人一次性支付全部价款债务的诉讼时效起算。

（一）分期付款买卖

分期付款买卖合同中，买受人迟延支付价款的数额达合同总价款的1/5，经催告后在合理期限内仍不支付的，出卖人有权请求买受人一次性支付全部剩余价款，即剥夺买受人分期付款的期限利益。

（二）融资租赁

融资租赁合同中，承租人欠付租金，经出租人催告后在合理期限内仍不支付的，出租人有权请求承租人一次性支付全部的未付租金，即剥夺承租人分期支付租金的期限利益。

	条件	后果
分期付款买卖	价金违约1/5	一次性支付全部剩余价款、租金
融资租赁	租金违约	

考点 28 　担保责任的免责事由

（一）债权人侵害担保人的预先追偿权（《担保制度解释》第 23、24 条）

命题角度分析

案情场景

债权人对债务人享有债权，第三人为该债权提供担保。债务人破产后，债权人既未申报破产债权也未通知担保人，导致担保人丧失了预先行使追偿权的机会。

提问角度

（1）担保人可否预先行使追偿权？

（2）债权人不申报债权，可否请求担保人承担担保责任？

（3）与先诉抗辩权相结合，考查债权人不申报破产债权，而是请求一般保证人承担保证责任时，一般保证人能否行使先诉抗辩权。

1. 债务人破产，债权人未申报破产债权的，未承担担保责任的担保人有权以自己未来的追偿权申报破产债权，即预先行使追偿权。

2. 债务人破产，债权人既未申报债权也未通知担保人，致使担保人不能预先行使追偿权的，担保人在本可预先追偿的范围内免除担保责任，但是担保人因自身过错未行使追偿权的除外。

（二）债权人怠于执行一般保证人提供的债务人的财产线索（《民法典》第 698 条）

命题角度分析

案情场景

债权人对债务人享有债权，保证人为该债权提供一般保证。债务人到期未履行债务，一般保证人向债权人提供债务人的财产线索，但债权人怠于申请执行。

提问角度

（1）债权人怠于执行一般保证人提供的债务人的财产线索的法律后果

如何?

(2) 债务人到期不履行债务的,债权人可否直接请求一般保证人承担保证责任?

(3) 与保证期间相结合,考查保证期间的计算及一般保证的债权人在保证期间内行使保证权的方法。

一般保证的保证人在主债务履行期限届满后,向债权人提供债务人可供执行财产的真实情况,债权人放弃或者怠于行使权利致使该财产不能被执行的,保证人在其提供可供执行财产的价值范围内不再承担保证责任。

(三) 债权人未在保证期间内对部分共同保证人行使保证权(《担保制度解释》第29条)

命题角度分析

● 案情场景

债权人对债务人享有债权,2个或2个以上保证人为该债权提供连带责任保证。债务人到期未履行债务,债权人未在保证期间内对部分共同保证人行使保证权。

● 提问角度

(1) 债权人未在保证期间内行使保证权,后果如何?

(2) 各共同连带保证人存在分担关系,债权人未在保证期间内对部分共同保证人行使保证权的,后果如何?

(3) 与分担请求权相结合,考查共同担保人之间分担关系产生的条件。

(4) 与保证期间相结合,考查保证期间的计算及连带责任保证的债权人在保证期间内行使保证权的方法。

在共同保证中,即2个或2个以上保证人为债权人的债权提供保证的,债权人应当在保证期间内请求各个保证人承担保证责任。这意味着:

1. 债权人未在保证期间内请求部分保证人承担保证责任的,后者不再承担保证责任。

2. 保证人之间相互有追偿权,因债权人未在保证期间内请求部分保证人承担保证责任，导致其他保证人在承担保证责任后丧失追偿权的，后者有权在不能追偿的范围内免除保证责任。

> **迷你案例**
>
> 案情：甲银行借给乙公司 100 万元，丙、丁分别向甲银行提供连带责任保证，但未约定保证期间。现乙公司到期未向甲银行偿还借款。甲银行在债权到期后，反复向乙公司、丙催要无果，1 年后又请求丁承担保证责任。经查，丙、丁之间约定，任何一方承担了保证责任，另一方分担一半。
>
> 问 1：乙公司是否应承担 100 万元借款本息？为什么？
>
> 答案：是。乙公司对甲银行负担着还本付息的债务。
>
> 问 2：丁是否应对乙公司的 100 万元借款本息承担担保责任？为什么？
>
> 答案：否。甲银行未在主债到期后 6 个月的保证期间内请求丁承担保证责任，丁的保证责任消灭。
>
> 问 3：丙是否应对乙公司的 100 万元借款本息承担担保责任？为什么？
>
> 答案：丙的保证责任范围为 50 万元借款本息。因为丙、丁之间存在分担约定，甲银行未在保证期间内对丁行使保证权，导致丁的保证责任消灭，故丙在本可请求丁分担的范围内免于承担保证责任。

（四）债权人放弃债务人提供的担保物权（《民法典》第 409 条第 2 款）

命题角度分析

> **➡ 案情场景**
>
> 债权人对债务人享有债权，包括债务人在内的 2 个或 2 个以上担保人为该债权提供担保。
>
> **➡ 提问角度**
>
> （1）如果债务到期不履行，债权人应当向哪一个担保人行使担保权？
>
> （2）如果债权人放弃了债务人所提供的担保物权，对其他第三担保人的担保责任影响如何？

在既有主债务人提供担保又有第三人提供担保的情况下，债权人放弃主债务人提供的担保物上的担保物权或担保利益时，第三担保人在债权人丧失优先受偿权益的范围内免除担保责任,但是第三担保人承诺仍然提供担保的除外。

迷你案例

案情:甲银行借给乙公司100万元,乙公司以价值30万元的机器设备A提供抵押,但未办理抵押登记;丙向甲银行提供保证,但未约定保证责任的承担方式。乙公司、丙均未与甲银行约定各自承担担保责任的范围、顺序。现乙公司到期未向甲银行偿还借款本息。

问1:甲银行如何行使担保权?为什么?

答案:先行使乙公司所提供的抵押权。因为混合担保中,担保人与债权人未约定担保责任的承担份额、顺序的,债权人应当先行使债务人提供的担保权。

问2:如果甲银行将机器设备A变价受偿30万元后,请求丙承担保证责任,丙能否拒绝?为什么?

答案:能。因为甲银行与丙的保证合同中并未约定保证责任的承担方式,故为一般保证,丙享有先诉抗辩权,可在要求甲银行先行使乙公司所提供的抵押权之后,进而要求甲银行对乙公司穷尽一切法律手段。

问3:如果甲银行放弃了乙公司所提供的机器设备A上的抵押权,后果如何?为什么?

答案:丙可在甲银行的放弃范围内主张保证责任免责。因为在共同担保中,债权人放弃债务人提供的担保物权的,第三担保人可在放弃范围内主张担保责任免责。

考点29 解除权

(一)一般法定解除权(《民法典》第533、563、580条)

1. 情势变更

命题角度分析

➡ 案情场景

当事人双方订立了合同,在合同履行之前,发生了对合同履行存在影响的变化。

> **⬆ 提问角度**
>
> （1）考查不可抗力、情势变更、商业风险的区别，进而考查当事人可否因外部环境的变化而提出合同解除或变更的主张；
>
> （2）与违约责任相结合，考查当事人在不享有变更、解除权的情况下，违约责任的承担。

因当事人在订立合同时无法预见的重大变化，导致继续履行合同对于当事人一方明显不公平或不能实现合同目的的，当事人有权主张变更或解除合同。

（1）情势变更与不可抗力的区别

❶导致合同履行不公平的，为情势变更。此时，遭受损害当事人一方有权变更或解除合同。

❷导致合同履行不能的，为不可抗力。此时，当事人双方均有权解除合同。

（2）情势变更与商业风险的区别

❶当事人缔约时不可预见的市场异动，为情势变更。

❷当事人缔约时可以预见的市场正常变化，为商业风险。商业风险对合同的内容不产生影响。

2. 债务人违约

📝 命题角度分析

> **⬆ 案情场景**
>
> 当事人双方订立了合同，债务人违约。
>
> **⬆ 提问角度**
>
> （1）债权人可否因债务人违约而解除合同？
>
> （2）将上述三种解除事由对比考查，即考查在债务人违约的情况下，债权人主张解除合同可依据的具体路径。
>
> （3）与违约责任相结合，考查债务人违约所应承担的违约责任。

（1）期前拒绝履行。债务人在履行期限届满之前，以明示或默示的方式表明其将不履行主要债务的，债权人有权解除合同，并追究债务人的预期违约责任。

（2）迟延履行。债务人迟延履行主要债务，经债权人催告后在合理期限内仍不履行的，债权人有权解除合同。

（3）根本违约。因债务人的违约，导致债权人的合同目的无法实现的，债权人有权解除合同。

迷你案例

案情：甲有投资项目，说服乙参与投资，双方订立了投资协议，约定乙投资100万元，甲按照项目收益数额的40%向乙支付红利。乙投资100万元后，甲获得收益，但并未如约支付红利。2年后，乙请求解除投资协议，要求返还100万元投资款。

问题：乙是否享有解除权？为什么？

答案：否。因为乙只能依据迟延履行解除合同，但乙并未对甲催告，故不符合迟延履行解除权的成立条件。

3. 无需继续履行的非金钱之债

命题角度分析

➡ 案情场景

当事人双方订立了合同，该合同中的债务人对债权人负担非金钱债务（交货、提供劳务等）。债务到期后，债权人请求债务人履行该非金钱债务。

➡ 提问角度

（1）债务人可否拒绝履行？

（2）与违约责任相结合，考查债务人拒绝履行时应如何承担违约责任。

（3）债务人拒绝履行的，当事人可否解除合同？

在债务履行不能、债务的标的不适于强制履行、履行费用过高、债权人在合理期限内未请求履行等无需继续履行的法定情形下，当事人有权解除合同。

（二）任意解除权（《民法典》第787、829、933条）

📝 命题角度分析

➡ 案情场景

当事人双方订立了合同，当事人一方在并无法定解除事由的情况下，主张解除该合同。

➡ 提问角度

（1）该方当事人能否主张解除合同？

（2）该方当事人解除合同后，给对方当事人造成损失的，怎么办？

权利主体		权利类型	权利规则
承揽合同	定作人	解除权、变更权	（1）任意解除（变更），无法定事由限制。（2）造成对方损失的，负赔偿责任。其中：有偿委托，应赔偿直接利益损失与可得利益损失；无偿委托，只赔偿直接利益损失。
货运合同	托运人	解除权、变更权	
委托合同	委托人、受托人	解除权	

（三）解除权的异议（《民法典》第565条；《合同编通则解释》第53条）

📝 命题角度分析

➡ 案情场景

当事人双方订立了合同，当事人一方主张解除该合同。

➡ 提问角度

（1）对方收到解除合同通知后，怎么办？

（2）对方的异议提出时间如何界定？

（3）对方未提出异议的，后果如何？

1. 异议权的行使期限：当事人有约定的，从其约定；当事人没有约定或约定不明的，相对人应当自接到解除合同的通知之日起3个月内提出异议。

2. 异议期间的意义：解除权异议期间的法律意义，仅在于相对人能否提出异议，而与合同能否解除无关。换言之，只有享有法定或约定解除权的当事人，才能以通知方式解除合同；不享有解除权的一方向另一方发出解除通知的，另一方即便未在异议期限内提出异议，也不发生合同解除的效果。

（四）合同解除的时间（《民法典》第 565 条；《合同编通则解释》第 54 条）

> 📝 **命题角度分析**
>
> ● **案情场景**
> 当事人双方订立了合同，后合同解除。
>
> ● **提问角度**
> （1）当事人双方的合同是何时解除的？
> （2）违约事由发生于合同解除前或合同解除后，债务人分别是否应承担违约责任？

1. 解除权人对相对人解除合同的单方通知到达相对人时，合同解除。

2. 行使解除权的通知载明，债务人在一定期限内不履行债务则合同自动解除的，合同解除的时间从其通知。

3. 当事人一方直接以提起诉讼或者申请仲裁的方式依法主张解除合同，法院或者仲裁机构确认该主张的，合同自起诉状副本或者仲裁申请书副本送达对方时解除。

	解除条件	解除时间
通知解除	通知到达	通知到达时
诉请解除	诉请解除+判决/裁决可以解除	起诉状副本/仲裁申请书副本送达时

4. 起诉后撤诉、又二次起诉

（1）一方起诉主张解除合同后撤诉的，合同不解除。

（2）一方第二次起诉主张解除合同的，合同解除的时间是：

❶第二次起诉之前，已经通知对方解除合同的，该通知到达对方时，合同解除；

❷第二次起诉之前，未通知对方解除合同，经审理，法院支持解除主张的，第二次起诉的起诉状副本送达对方时，合同解除。

（五）合同解除的后果（《民法典》第566条；《买卖合同解释》第20条）

命题角度分析

案情场景

当事人双方订立了合同，后合同解除。

提问角度

（1）合同解除后，当事人一方能否主张"退货还钱"？

（2）合同解除后，债权人能否追究债务人的违约责任？

（3）与合同解除事由相结合，考查该合同能否被解除。

1. 合同已经履行的部分，有可能恢复原状的，当事人可以主张恢复原状；不可能恢复原状的，当事人不得主张恢复原状。

2. 合同解除前，债务人已经违约的，债权人请求债务人承担赔偿损失、违约金的违约责任请求权，不受影响。

专题 8 合同的履行

考点 30 代位权（《民法典》第 535~537 条；《合同编通则解释》第 33~43 条）

债权人 —— 债务人 ——怠于—— 次债务人
           代位

> **命题角度分析**
>
> ● **案情场景**
> 债权人对债务人享有债权，债务人对次债务人享有债权。
>
> ● **提问角度**
> (1) 债权人可否对次债务人主张债务人的债权？方法如何？
> (2) 与债权人的撤销权制度相结合，考查债务人怠于行使其对次债务人不当处分行为所引起的债权时，债权人的应对方法。
> (3) 与债权转让、债务转让相结合，考查债权人与次债务人之间发生债权转让、债务转让后所形成的法律关系。

（一）代位权的成立条件

1. 两个债权均到期。

2. 债务人怠于行使自己对次债务人的到期债权。

(1) 债务人未以"诉讼"或者"仲裁"方式向次债务人主张债权，即构成"怠于"；

(2) 债务人是否以其他方式主张债权，在所不问。

3. 有损债权。即无证据证明债务人仍有财产足以履行债务。

（二）代位权的行使方法

1. 代位权的行使，以诉讼方式为之。

（1）当事人排列

❶原告：债权人。债权人提起代位权之诉，以自己的名义。

❷被告：次债务人。

❸无独立请求权第三人：债务人。原告未列出的，法院应当依照职权追加。

（2）管辖法院：次债务人所在地法院。

2. 债务人、次债务人之间存在仲裁协议、管辖协议

（1）原则上，债务人与次债务人之间存在仲裁协议、管辖协议的，不影响债权人代位权之诉的提起；

（2）特殊情况是，债权人提起代位权之诉后、首次开庭前，债务人与次债务人之间发生仲裁的，代位权之诉可以中止审理。

3. 债权人主张代位的范围

（1）在债权人的"债权额"与债务人的"债权额"之间，"就低不就高"；

（2）债权人也可代位行使债务人所享有的担保权。

（三）代位权之诉的合并审理与中止审理

1. 多个债权人均提起代位权之诉

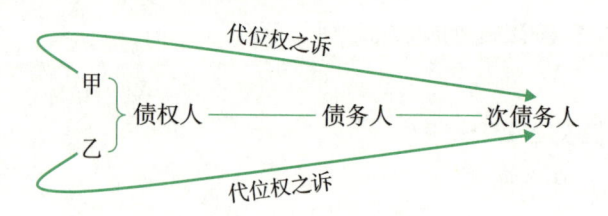

（1）债务人的多个债权人对次债务人提起代位权之诉的，法院可以合并审理；

（2）次债务人按照各债权人的债权比例，向各债权人履行债务。

2. 债权人提起原债之诉与代位权之诉

债权人先对债务人提起原债之诉，后在受理该原债之诉的法院对次债务

人提起代位权之诉的：

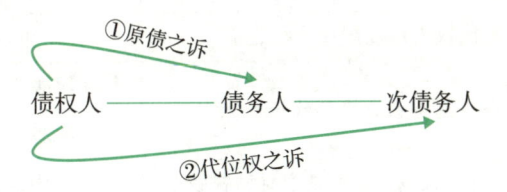

```
         ①原债之诉
债权人 ──── 债务人 ──── 次债务人
         ②代位权之诉
```

（1）受理原债之诉的法院对代位权之诉也有管辖权的，两诉可以合并审理。

（2）受理原债之诉的法院对代位权之诉没有管辖权的：

❶告知债权人向有管辖权的法院提起代位权之诉；

❷原债之诉终结前，代位权之诉中止审理。

3. 债权人提起代位权之诉、债务人提起原债之诉

债权人对次债务人提起代位权之诉后，债务人在受理该代位权之诉的法院向次债务人提起原债之诉的：

```
         ①代位权之诉
债权人 ──── 债务人 ──── 次债务人
         ②原债之诉
```

（1）受理代位权之诉的法院对该原债之诉也有管辖权的，两诉可以合并审理。

（2）受理代位权之诉的法院对该原债之诉没有管辖权的：

❶告知债务人向有管辖权的法院提起原债之诉；

❷代位权之诉终结前，该原债之诉中止审理。

4. 债权人提起代位权之诉、债务人或次债务人提起原债之仲裁

债权人提起代位权之诉后，债务人或者次债务人在首次开庭前就债务人与次债务人之间的债权债务关系申请仲裁的，法院可以依法中止代位权之诉。

```
         ①代位权之诉
债权人 ──── 债务人 ──── 次债务人
         ②首次开庭前，原债之仲裁
```

总结梳理：

2个或2个以上债权人均提起代位权之诉		可以合并审理
当事人向同一法院提起原债之诉与代位权之诉	有权管辖	可以合并审理
	无权管辖	中止后提起的诉讼
代位权之诉提起后、首次开庭前，原债之仲裁被提起		中止代位权之诉

考点 31 以物抵债（《合同编通则解释》第27、28条）

命题角度分析

● 案情场景

当事人双方订立了合同，又达成了以物抵债协议。

● 提问角度

债务人到期不履行债务，债权人如何行使以物抵债协议中的权利？

（一）履行期届满前达成的以物抵债协议

1. 性质

履行期届满前当事人达成的以物抵债协议，性质为担保合同。

2. 效力

（1）债务人到期不履行债务，债权人可就抵债财产变价受偿；

（2）抵债财产已经向债权人交付、登记的，债权人有权优先受偿。

	交易内容	法律规则
期前抵债协议	未来债务不履行，以物抵债（东西给你）	○ 都是担保，只能就价值优先受偿 ○ 能否优先受偿，看是否交付、登记
让与担保	未来债务不履行，以物担保（东西给你）	

（二）履行期届满后达成的以物抵债协议

1. 性质

履行期届满后当事人达成的以物抵债协议，性质为诺成合同，合意达成即可成立。

2. 效力

（1）债权人应当先请求债务人履行以物抵债协议；

（2）债务人未履行以物抵债协议，经催告后在合理期限内仍不履行的，债权人可以择一选择：既可以选择让债务人履行以物抵债协议，也可以选择让债务人履行原来的债务。

考点 32 抵销（《民法典》第 549、553、568 条；《合同编通则解释》第 57、58 条）

命题角度分析

案情场景

当事人在两个法律关系中，互享债权、互负债务。

提问角度

（1）一方当事人是否有权将自己的债务与对方的债务相抵销？

（2）在债权转让、债务转让的情况下，受让人能否继续行使抵销权？

（一）法定抵销的条件

1. 当事人在两个法律关系中，互享债权、互负债务。
2. 当事人所互负债务的标的，种类、品质相同。
3. 债权到期一方享有抵销权，有权主动与对方抵销。

迷你案例

案情：2014 年 2 月 15 日，甲、乙订立借款合同，甲借给乙 10 万元，约定 2014 年 10 月 15 日还款。2014 年 8 月 1 日，甲、乙订立买卖合同，乙出卖给甲价值 10 万元的货物，约定甲于 2014 年 12 月 1 日付款，现在货已交付。

问 1：2014 年 9 月 20 日，谁享有抵销权？

答案：甲、乙均不享有抵销权，因为甲、乙的债权均未到期。

问 2：2014 年 10 月 20 日，谁享有抵销权？

答案：甲享有抵销权，因为甲的债权已经到期。

问 3：2014 年 12 月 20 日，谁享有抵销权？

答案：甲、乙均享有抵销权，因为甲、乙的债权均已到期。

（二）法定抵销权的限制

1. 债务人有抗辩权

```
（抗辩权）债务②         ②      债权②（到期）
                  甲  ⇌  乙
（到期）债权①         ①      债务①
```

（1）债权人可以主张抵销，但债务人主张抗辩权的除外；

（2）有抗辩权的债务人主张抵销的，不受限制。

迷你案例

案情：张三对李四享有借款债权 100 万元，已经届满诉讼时效。李四对张三享有装修款债权 100 万元，已经到期。

问 1：张三能否主张抵销？

答案：李四提出诉讼时效抗辩的，不能。

问 2：李四能否主张抵销？

答案：能。李四可以放弃自己的诉讼时效抗辩利益。

2. 人身侵权、故意或重大过失的财产侵权之债

```
债务②       侵权之债      债权②（到期）
              甲  ⇌  乙
（到期）债权①     ①      债务①
```

（1）因侵害自然人人身权益，或故意、重大过失侵害他人财产权益产生的损害赔偿债务，侵权人不得主张抵销；

（2）被侵权人主张抵销的，不受限制。

迷你案例

案情：甲对乙享有借款债权 30 万元，已经到期。因乙不还钱，甲愤然将乙的车砸坏（或将乙打伤），损失为 30 万元。

问1：甲能否主张乙的还款债务与自己的赔车（或赔医疗费）债务抵销？

答案：不能。

问2：乙能否主张自己的还款债务与甲的赔车（或赔医疗费）债务抵销？

答案：能。

3. 当事人约定不得抵销的债务，不得抵销。

（三）抵销权的行使及其后果

1. 抵销权的行使方式为单方通知。

2. 行使抵销权的单方通知，不得附条件、附期限。

3. 行使抵销权的单方通知，一经到达对方当事人，即发生抵销的法律后果。

（四）债权转让、债务转让中的抵销权延续

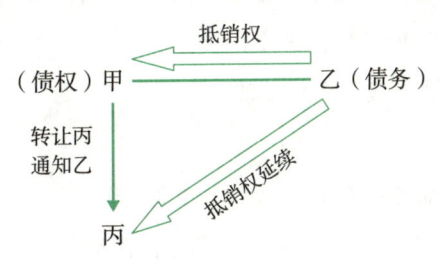

1. 债权转让，抵销权延续

```
                    抵销权
        （债权）甲 ←——————— 乙（债务）
              │           ╱
         转让丙│       ╱ 抵销权延续
         通知乙│   ╱
              ↓ ↙
              丙
```

债务人对债权人享有抵销权，债权人将债权让与给受让人，并通知债务人后，债务人可对受让人继续主张抵销。

2. 债务转让，抵销权不延续

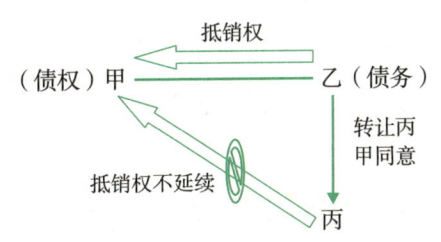

```
                    抵销权
        （债权）甲 ←——————— 乙（债务）
              ↖           │
               ╲          │转让丙
         抵销权不延续      │甲同意
                 ╲        ↓
                  丙
```

债务人对债权人享有抵销权，经债权人同意，债务人将债务让与给受让人后，受让人不可对债权人继续主张抵销。

考点 33 合同履行的顺序

（一）动产多重买卖、一房数租（《买卖合同解释》第 6、7 条；《城镇房屋租赁合同解释》第 5 条）

> 📝 **命题角度分析**
>
> ➡ **案情场景**
>
> 出卖人与 2 个或 2 个以上买受人订立买卖合同，将同一动产先后出卖给各买受人；或出租人与 2 个或 2 个以上承租人订立租赁合同，将同一房屋先后出租给各承租人。
>
> ➡ **提问角度**
>
> （1）各买卖、租赁合同，效力如何？
> （2）出卖人、出租人应当向哪一个买受人、承租人履行合同？
> （3）与违约责任相结合，考查出卖人、出租人对不能取得买卖物、租赁物的买受人、承租人违约责任的承担。

合同履行顺序	普通动产	交通工具	一房数租
第一顺序	合法占有者	合法占有者（占有优先于登记）	合法占有者（占有优先于登记）
第二顺序	先支付价款者	过户登记者	租赁备案登记者
第三顺序	合同成立在先者	合同成立在先者	合同成立在先者

🔔 **注意**：在动产多重买卖、一房数租的情况下，各买卖、租赁合同均有效，故不能获得履行的买受人、承租人有权解除合同，追究出卖人、出租人的违约责任。

（二）债务人负担数笔同种类债务的履行（《民法典》第 560 条）

> 📝 **命题角度分析**
>
> ➡ **案情场景**
>
> 债务人对同一债权人负债数笔，且标的相同，债务人履行了一部分，

但是履行数额并不能导致其全部负债的清偿。

> **提问角度**
>
> （1）债务人所履行的债务，是其所负担的"数笔"债务中的"哪一笔"？
>
> （2）债权人与债务人对债务人之履行所抵充的债务发生争议时的界定。

（1）有约定，按约定	
（2）无约定，第一次看时间（到期、未到期）	优先抵充已到期的债务
（3）均到期，看担保	优先抵充缺乏担保或者担保数额最少的债务
（4）担保相同，看主债	优先抵充债务人负担较重的债务
（5）债额相同，第二次看时间（先到期、后到期）	按照债务到期的先后顺序抵充
（6）到期时间相同，按比例抵充	

迷你案例

案情：甲公司将房屋 A 出租给乙公司，约定月租金 1 万元，租金季付。第一期租金到期后，乙公司向甲公司支付 3 万元。1 周后，甲公司发函给乙公司，要求支付租金。乙公司回函表示已经支付，甲公司则称已付的 3 万元是乙公司购买的机器设备 B 的价金。经查，半年前，甲、乙公司订立机器设备 B 买卖合同，约定甲公司以 10 万元的价格向乙公司出卖机器设备 B，且价金债务与第一期租金债务同日到期。

问题：乙公司所支付的 3 万元，究竟是房屋 A 的租金还是机器设备 B 的价金？为什么？

答案：机器设备 B 的价金。因为乙公司对甲公司所负的两项债务均到期，且均无担保，故应履行乙公司负担较重的债务，即机器设备 B 的 10 万元价金中的 3 万元。

（三）同一应收账款多次保理、质押、转让（《民法典》第 768 条；《担保制度解释》第 66 条；《合同编通则解释》第 50 条）

> **命题角度分析**
>
> **案情场景**
>
> 债权人将同一债权向不同的受让人多次保理、质押或转让。

> 🔸 提问角度
> 债务人面对若干受让人，向谁履行债务？

1. 债权多次转让的，债务人应当向通知最先到达的受让人履行。

2. 债务人向通知后到达的受让人履行的：

（1）履行对象不正确，债务不消灭，故通知最先到达的受让人有权请求债务人再次履行。

（2）通知最先到达的受让人请求通知后到达但接受履行的受让人返还财产的：

❶ 原则上不可以；

❷ 例外是，通知后到达但接受履行的受让人知道或应当知道通知最先到达的受让人之存在。

3. 债权多次转让的，不能获得履行的受让人，有权请求原债权人承担违约责任。

迷你案例

案情：甲对乙享有债权100万元。甲与丙订立债权转让合同，约定甲将对乙的100万元债权转让给丙，并通知了乙。1周后，甲又与丁订立债权转让合同，约定甲将对乙的100万元债权转让给丁，也通知了乙。

问1：乙应向丙、丁中的谁偿还100万元？

答案：丙的通知先到达，乙应向丙履行。乙向丙履行后，乙的债务消灭。

问2：乙向丙偿还100万元后，丁能否追究甲的违约责任？

答案：能。

问3：如果乙向丁偿还了100万元：

（1）丙能否请求乙再向自己偿还100万元？

答案：能。乙向丁的履行对象不正确，债务不消灭。

（2）丙能否请求丁向自己返还100万元？

答案：原则上不能。但是丁知道或应当知道"丙的通知在先"之事的，除外。

(四)共同担保人对债权人的担保责任(《民法典》第392条)

📝 **命题角度分析**

➡️ **案情场景**

债权人对债务人享有债权,2个或2个以上担保人提供担保,债务人到期不履行债务。

➡️ **提问角度**

(1)债权人面对若干担保人,如何行使担保权?

(2)与一般保证中的先诉抗辩权相结合,考查在一般保证人与债务人的物保并存时,一般保证人的"双重防线"。

1. 各担保人与债权人约定各自承担保证责任的顺序、份额的,从其约定。

2. 各担保人与债权人没有约定各自承担保证责任的顺序、份额的:

(1)在共同保证、共同物保中,债权人有权请求任何一个担保人承担担保责任;

(2)在混合担保中,债权人应当先就债务人提供的担保物行使担保物权,第三担保人对债权人承担连带担保责任。

迷你案例

案情:甲银行借给乙公司100万元,乙公司以价值30万元的机器设备A提供抵押,但未办理抵押登记;丙向甲银行提供保证,但未约定保证责任的承担方式。乙公司、丙均未与甲银行约定各自承担担保责任的范围、顺序。现乙公司到期未向甲银行偿还借款本息。

问1:如果甲银行请求丙承担保证责任,丙能否拒绝?为什么?

答案:能。丙可以要求甲银行先行使乙公司所提供的抵押权。因为混合担保中,担保人与债权人未约定担保责任的承担份额、顺序的,债权人应当先行使债务人提供的担保权。

问2:如果甲银行将机器设备A变价受偿30万元后,请求丙承担保证责任,丙能否再次拒绝?为什么?

答案:能。因为甲银行与丙的保证合同中,并未约定保证责任的承担方式,故为一般保证,丙享有先诉抗辩权,可在要求甲银行先行使乙公司所提供的抵押权之后，进而要求甲银行对乙公司穷尽一切法律手段。

（五）建设工程优先权（《民法典》第807条；《建设工程施工合同解释（一）》第36、40条）

> 📝 **命题角度分析**
>
> ➡ **案情场景**
> 承包人为发包人承建工程，工程竣工验收合格后，发包人未如约支付工程款，还将该工程为第三人设立了抵押。
>
> ➡ **提问角度**
> （1）承包人的工程款债权中的哪一部分，可基于建设工程优先权，从工程变价中优先受偿？
> （2）建设工程优先权与抵押权的受偿顺位如何确定？
> （3）与抵押物上的新增物相结合，考查建设工程优先权与抵押权之间的竞存关系。

1. 承包人基于建设工程优先权可以优先受偿的工程款债权，包括承包人为建设工程应当支付的工作人员报酬、材料款等实际支出的费用。承包人不得基于建设工程优先权优先受偿因发包人违约所造成的损失。

2. 建设工程优先权优先于该工程上已经设立的抵押权。

迷你案例

案情：甲公司将30层花园公寓项目发包给乙公司，工程竣工验收后，因甲公司未如约支付工程款，导致乙公司遭受损失500万元，乙公司遂主张建设工程优先权。甲公司在项目建至20层时，将其抵押给了建设银行，并办理了抵押登记，担保自己从建设银行的贷款。

问1：该项目下20层的价值，建设银行的抵押权能否优先于乙公司500万元的损失赔偿债权受偿？为什么？

答案：能。建设银行对下20层享有抵押权，而乙公司要求甲公司赔偿损失的权利则不受建设工程优先权的保护，仅为普通债权，故建设银行对下20层享有的抵押权，可优先于乙公司500万元的损失赔偿债权受偿。

问 2：该项目上 10 层的价值，建设银行的抵押权能否优先于乙公司 500 万元的损失赔偿债权受偿？为什么？

答案：不能。上 10 层为抵押物的新增物，建设银行不享有抵押权，故不得优先于乙公司 500 万元的损失赔偿债权受偿。

考点 34　抗辩权

（一）诉讼时效抗辩权（《民法典》第 192、193 条）

命题角度分析

案情场景

当事人的请求权关系已经届满诉讼时效。

提问角度

（1）请求权人能否向对方当事人主张请求权？

（2）法院如何适用诉讼时效制度？

（3）被请求人可否放弃诉讼时效利益？

1. 法院被动适用

（1）当事人在一审期间未提出诉讼时效抗辩的，法院不应对诉讼时效问题进行释明及主动适用诉讼时效的规定进行裁判；

（2）当事人在一审期间未提出诉讼时效抗辩，在二审期间提出的，法院不予支持，但其基于"新的证据"提出的除外；

（3）当事人在原审中未提出诉讼时效抗辩，以诉讼时效期间届满为由申请再审或者提出再审抗辩的，法院不予支持。

2. 诉讼时效期间届满，债务人向债权人作出同意履行义务的意思表示，或者自愿履行义务后，不得又以诉讼时效期间届满为由进行抗辩。

（二）双务合同履行抗辩权（《民法典》第 525~528 条）

命题角度分析

案情场景

当事人双方之间存在合同关系，一方到期未履行自己的债务，或者有可能到期不履行自己的债务，另一方的债务到期。

> **➲ 提问角度**
>
> （1）一方不履行或可能不履行的债务，与另一方已到期的债务，是否为一组"双务"？
>
> （2）因一方不履行或可能不履行债务，另一方可否拒绝履行自己已经到期的债务？
>
> （3）与债权转让、债务转让、担保权相结合，考查抗辩权延续。
>
> （4）与违约责任相结合，考查当事人基于抗辩权而未履行债务的，不构成违约。

1. 双务合同的认定

双务合同是"一个"合同。当事人双方在一个合同法律关系中互负的债务，才是双务合同中的"双务"，才具有互为对待性的关系，才有履行抗辩权。

2. 双务合同的三种履行抗辩权

	抗辩权人	对方违约责任	司法中的适用
同时履行抗辩权	双方	无违约责任	原告履行的同时，被告履行；原告未履行，被告不执行
先履行抗辩权	后履行方	现实违约责任	（无）
不安抗辩权	先履行方	预期违约责任	（无）

（三）一般保证人的先诉抗辩权（《民法典》第687条）

✎ 命题角度分析

> **➲ 案情场景**
>
> 债权人对债务人享有债权，第三人提供一般保证，债务人到期不履行债务。
>
> **➲ 提问角度**
>
> （1）债权人能否请求保证人承担保证责任？
>
> （2）保证人未行使先诉抗辩权，承担了保证责任后，可否向债务人追偿？其追偿权可否受到债权人原来享有的担保权的担保？

1. 在债权人对债务人"穷尽一切法律手段"之前，一般保证人享有先诉抗辩权。

2. 先诉抗辩权的例外

（1）债务人住所变更、下落不明、移居境外，且无财产可供执行，致使债权人要求其履行债务发生重大困难的；

（2）法院受理债务人破产案件，中止执行程序的；

（3）债权人有证据证明债务人的财产不足以履行全部债务，或者丧失履行债务能力的；

（4）保证人向债权人或其代理人以书面形式放弃先诉抗辩权的。

迷你案例

案情：甲银行借给乙公司100万元，丙向甲银行提供保证，但未约定担保责任的承担方式。现乙公司到期未履行还款债务，甲银行请求丙承担保证责任。

问1：丙能否拒绝承担保证责任？为什么？

答案：能。因为保证合同中未约定保证责任的承担方式，故为一般保证，丙享有先诉抗辩权。

问2：丙承担了保证责任后，可否向乙公司追偿？为什么？

答案：可以。一般保证人未行使先诉抗辩权，承担保证责任的，不影响其对债务人的追偿。

（四）抗辩权与违约

命题角度分析

案情场景

债务人对债权人享有抗辩权，且到期未履行债务。

提问角度

（1）债权人能否追究债务人的违约责任？

（2）债权人能否因债务人未履行债务，主张解除合同？

债务人基于抗辩权未如约履行债务的，不构成违约。

1. 债权人不得追究债务人的违约责任。

2. 债权人不得以债务人未履行债务为由，主张解除合同。

迷你案例

案情：甲将房屋 A 出租给乙，约定由甲承担房屋 A 的修缮义务。乙租赁期间，房屋 A 楼顶漏雨，乙要求甲维修，甲不予理会，乙则拒绝支付租金。甲催告无果后，遂以乙迟延支付租金为由，通知乙解除租赁合同。

问1：乙可否追究甲的违约责任？为什么？

答案：可以。修缮租赁物是甲的合同债务，甲违反该合同债务，应承担违约责任。

问2：乙可否拒绝支付租金？为什么？

答案：可以。乙可基于先履行抗辩权，拒绝支付租金。

问3：甲可否解除与乙的租赁合同？为什么？

答案：不可以。乙基于先履行抗辩权拒绝支付租金，不构成迟延履行债务，甲不得据此解除租赁合同。

考点 35　抗辩权延续

（一）担保中的抗辩权延续（《民法典》第701条；《担保制度解释》第20条）

命题角度分析

▶ **案情场景**

债权人对债务人享有债权，第三人提供担保，债务人对债权人享有抗辩权。

▶ **提问角度**

（1）第三担保人可否延续抗辩？

（2）第三担保人"可抗辩而未抗辩"的情况下，承担担保责任后，可否向债务人追偿？

（3）本知识点还可与债权转让、债务转让制度相结合，考查债权转让、债务转让的抗辩权延续以及担保人的抗辩权延续。

1. 债务人对债权人享有抗辩权的，第三担保人可行使该抗辩权，拒绝承担担保责任。

2. 第三担保人未行使债务人对债权人的抗辩权的，不得向债务人追偿，但债务人放弃其抗辩权的除外。

	债务人有抗辩权	债务人放弃抗辩权
担保人可否延续抗辩	可延续抗辩	
担保人未抗辩可否追偿	不可追偿	可以追偿

迷你案例

案情：甲、乙公司订立买卖合同，约定甲公司以100万元的价格将机器设备出卖给乙公司。丙向甲公司提供连带责任保证。及至交货日，甲公司向乙公司交付的机器设备质量不符合约定，无法使用。乙公司遂拒绝付款。1周后，甲公司将价金债权转让给丁公司，通知了乙公司和丙。现丁公司请求乙公司付款遭拒后，又请求丙承担保证责任遭拒。

问1：乙公司能否拒绝向丁公司付款？为什么？

答案：能。因为乙公司对甲公司享有先履行抗辩权，甲公司转让债权给丁公司，并通知乙公司后，乙公司可继续对丁公司主张先履行抗辩权。

问2：丙能否拒绝对丁公司承担保证责任？为什么？

答案：能。尽管甲公司将债权转让给丁公司后，丙应继续承担保证责任，但是因乙公司可对丁公司主张抗辩权，故丙也可对丁公司主张抗辩权。

问3：如果丙向丁公司承担了保证责任，可否向乙公司追偿？为什么？

答案：不可以。因为乙公司对丁公司享有抗辩权，且并未放弃之，故丙承担保证责任后，不得向乙公司追偿。

（二）债权转让、债务转让中的抗辩权延续（《民法典》第548、553条）

命题角度分析

➡ 案情场景

债权人对债务人享有债权，债务人对债权人享有抗辩权，债权人将债权转让给了受让人，并通知了债务人；或债务人将债务转让给了受让人，且经债权人同意。

> ➡ 提问角度
>
> （1）债权转让后，债务人能否对受让人继续行使抗辩权？
>
> （2）债务转让后，受让人能否对债权人继续行使抗辩权？
>
> （3）债权、债务均转让时，债务受让人能否对债权受让人继续行使抗辩权？
>
> （4）与抗辩权相结合，考查债务人对债权人是否享有抗辩权，享有何种抗辩权。

1. 债权转让之抗辩权延续

债务人对债权人享有抗辩权，债权人将债权让与给受让人，并通知债务人的，债务人可继续对受让人主张抗辩。

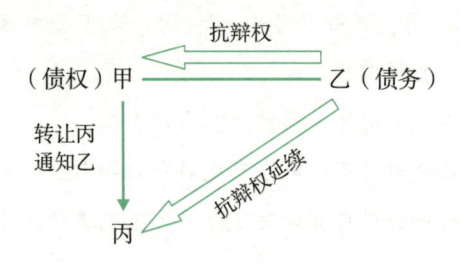

2. 债务转让之抗辩权延续

债务人对债权人享有抗辩权，债务人征得债权人同意后，将债务转让给受让人的，受让人可继续对债权人主张抗辩。

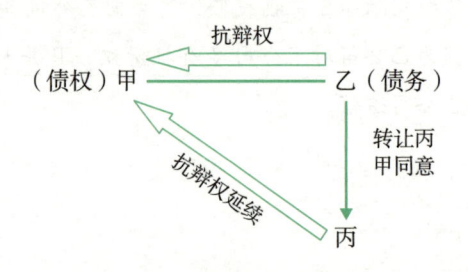

	债务人有抗辩权	债务人有抵销权
债权转让	抗辩权延续	抵销权延续
债务转让		抵销权不延续

迷你案例

案情：甲公司以 100 万元的价格将机器设备 A 出卖给乙公司,甲公司交货后,乙公司发现该设备质量不符合约定,无法使用,遂拒绝付款。1 周后,乙公司经甲公司同意,将价金债务转让给了丙公司。1 个月后,甲公司将价金债权转让给丁公司,并通知了丙公司。

问 1：乙公司收到货物后,能否拒绝付款?为什么?

答案：能。因机器设备 A 质量不符合约定,乙公司可基于先履行抗辩权拒绝付款。

问 2：乙公司经甲公司同意后,将债务转让给了丙公司,丙公司能否对甲公司主张先履行抗辩权?为什么?

答案：能。债务转让并经债权人同意的,债务受让人可对债权人主张债务人的抗辩权。

问 3：甲公司将债权转让给丁公司,并通知丙公司后,丙公司能否对丁公司主张先履行抗辩权?为什么?

答案：能。债权转让并通知债务人的,债务人对债权人的抗辩权可对债权受让人主张。

考点 36　善意取得（《民法典》第 311、312 条）

（一）善意取得的一般条件

所有权人 ── 无处分权人 ── 受让人

命题角度分析

● 案情场景

处分人将他人的财产无权处分给了受让人。

● 提问角度

（1）处分人与受让人之间的合同效力如何？

（2）受让人取得该物权的条件如何？

（3）与物权变动相结合,考查不同标的物的公示方法,以及物权变动的方法。

	处分人：权利外观	受让人：善意	合　　同	交付或登记
不动产	登　记	①不知情；②相信登记	①有约束力 ②等价有偿	登　记
普通动产	占　有	①不知情；②相信占有		交　付
交通工具	登　记	①不知情；②相信登记		交　付

（二）遗失物的善意取得

命题角度分析

▶ **案情场景**

失主的动产遗失，拾得人将其无权处分给了受让人。

▶ **提问角度**

（1）拾得人与受让人之间的合同效力如何？

（2）失主能否请求受让人返还遗失物？

（3）受让人能否取得该遗失物的物权？

（4）与占有相结合，考查受让人对遗失物的占有状态及其法律后果。

1. 失主有权自知道或者应当知道遗失物受让人之日起 2 年内，向受让人请求返还原物。

2. 原则上，失主请求返还原物，无需支付受让人所付的费用。但例外情况有二：

（1）受让人通过拍卖购得该遗失物；

（2）受让人从具有经营资格的经营者处购得该遗失物。

专题 9 违约责任

考点 37 违约责任的构成：是否承担违约责任？

（一）归责原则（《民法典》第 577、593 条）

> **命题角度分析**
>
> ● **案情场景**
> 当事人双方订立了合同，但债务人到期未履行其债务。
>
> ● **提问角度**
> （1）在债务人没有过错的情况下，债务人是否应当承担违约责任？
> （2）第三人导致债务人违约的，债务人是否应当承担违约责任？

1. 原则上，违约责任的承担，不问债务人是否具有过错。

2. 第三人导致债务人违约的，债务人依然要向债权人承担违约责任。至于债务人与第三人之间的纠纷，按照相关法律规定或者约定来解决。

（二）客运合同中承运人对旅客人身损害的违约责任（《民法典》第 823 条）

> **命题角度分析**
>
> ● **案情场景**
> 在承运人的客运工具上，有人遭受人身损害。
>
> ● **提问角度**
> （1）受害人追究承运人违约责任的条件是什么？
> （2）与侵权责任相结合，考查受害人追究承运人侵权责任的条件。

1. 旅客的界定

旅客，为与承运人存在客运合同关系的人。旅客身份是追究承运人违约责任的逻辑前提。其范围包括：

（1）持票旅客；

（2）免票旅客；

（3）持优待票旅客；

（4）经承运人许可搭乘的无票旅客。

2. 承运人对旅客人身损害的违约责任，为无过错责任。

3. 免责事由

（1）旅客的人身损害，是旅客自身健康原因造成的；

（2）旅客的人身损害，是旅客故意、重大过失造成的。

> **迷你案例**
>
> 案情：甲购票乘坐火车，在火车上，乙突然对甲发动攻击，火车上的工作人员迅速制止，但甲的头仍然被乙打破。
>
> 问1：甲能否追究承运人的违约责任？为什么？
>
> 答案：能。甲是乘客，承运人没有免责事由，且乙的行为可构成承运人的违约。
>
> 问2：甲能否追究承运人的侵权责任？为什么？
>
> 答案：不能。本案的侵权责任适用过错责任原则，但承运人没有过错。

考点38 违约责任的主体：谁承担违约责任？

（一）融资租赁合同中租赁物的品质瑕疵担保责任（《民法典》第741～743条；《融资租赁合同解释》第8条）

> **命题角度分析**
>
> **案情场景**
>
> 出租人与承租人订立了融资租赁合同，出租人从出卖人处购得融资租赁物，并交付给了承租人，但该融资租赁物存在品质瑕疵。
>
> **提问角度**
>
> （1）承租人向出卖人追究品质瑕疵违约责任的条件是什么？
>
> （2）承租人向出租人追究品质瑕疵违约责任的条件是什么？

(3) 与合同解除相结合，考查在融资租赁物存在品质瑕疵的情况下，承租人解除融资租赁合同的条件及后果。

承租人
- 找出卖人
  - 条件：三方协议
  - 出租人承担承租人索赔失败的赔偿责任：①出租人未协助；②出租人明知租赁物有品质瑕疵而未告知
- 找出租人
  - 条件：出租人干预选择租赁物
  - 出租人干预的，承租人还可以主张减免租金

迷你案例

案情：甲融资租赁公司（以下简称"甲公司"）与乙厂订立融资租赁合同，约定甲公司为乙厂购买机器设备A，乙厂在3年内支付租金100万元。后甲公司通过干预乙厂的选择，从丙公司购得机器设备A，交付给乙厂。

问1：如果乙厂迟延交付租金20万元，甲公司反复催要无果后，能否解除融资租赁合同？后果如何？

答案：能。融资租赁合同中，承租人迟延支付租金达到2期以上或数额达到全部租金15%以上，经催告后在合理期限内仍不履行的，出租人有权解除融资租赁合同，取回租赁物，并以其价值冲抵承租人所负的债务。

问2：如果乙厂使用半年，已经交付租金30万元后，机器设备A发生故障，已无法使用。经检验，该故障是隐蔽瑕疵所致。因此，乙厂迟延交付租金20万元。甲公司反复催要无果。

（1）甲公司能否解除融资租赁合同？为什么？

答案：不能。因为融资租赁物存在品质瑕疵，且出租人干预承租人选择的，承租人有权主张减免租金，故甲公司不得据此解除融资租赁合同。

（2）乙厂请求甲公司重新交付标的物，甲公司以乙厂迟延交付租金为由，主张先履行抗辩权。甲公司的主张是否于法有据？为什么？

答案：否。因为融资租赁物存在品质瑕疵，且出租人干预承租人选择的，承租人有权主张减免租金，故乙厂迟延支付租金，不构成违约，甲公司不得据此主张先履行抗辩权。

（3）乙厂请求甲公司重新交付标的物，多次催促无果后，乙厂能否主张解除融资租赁合同？后果如何？

答案：能。因为融资租赁物存在品质瑕疵，且出租人干预承租人选择的，出租人应当承担违约责任。进而，甲公司迟延履行重新交付义务，经催告后在合理期限内仍不履行的，乙厂有权解除融资租赁合同。合同解除后，乙厂应将机器设备 A 向甲公司返还，并请求甲公司退还其已付租金，还可追究甲公司的其他违约责任。

（二）建设工程合同的工程款诉讼（《建设工程施工合同解释（一）》第43、44条）

发包人 ———— 承包人 ———— 施工人

命题角度分析

➡ 案情场景

发包人与承包人订立建设工程合同，承包人将部分工程分包给实际施工人。工程竣工验收合格后，承包人、实际施工人未获得工程款。

➡ 提问角度

（1）实际施工人可向谁主张工程款债权？方法如何？

（2）与建设工程优先权制度相结合，考查实际施工人对发包人行使代位权与承包人主张建设工程优先权之间的关系。

（3）与建设工程合同的效力相结合，考查案情中建设工程合同的效力认定，以及工程款支付义务的有无。

分包人可以发包人为被告提起诉讼，即债权人还有权对次债务人提起代位权之诉。

1. 发包人在对分包人欠付工程款的范围内对实际施工人承担责任。
2. 实际施工人未将分包人列为第三人的，法院应当追加其为第三人。

迷你案例

案情：甲、乙公司订立建设工程合同，约定甲公司将花园公寓项目发包给不具有资质的乙公司。合同订立后，乙公司又将主体工程分包给丙公司。现花园公寓项目竣工验收合格，但因甲公司未向乙公司支付工程款，乙公司也就未向丙公司支付工程款。

问1：上述建设工程合同效力如何？乙、丙公司能否主张工程款？为什么？

答案：均无效。甲、乙公司的发包合同因乙公司不具有资质，且未在竣工验收前取得资质，故而无效；乙、丙公司的分包合同因主体工程分包也属于无效。但是，因工程验收合格，故乙公司对甲公司、丙公司对乙公司，均有权主张参照合同折价补偿工程款。

问2：丙公司诉请甲公司支付工程款时，能否主张建设工程优先权？为什么？

答案：能。债权人行使代位权的，对债务人所享有的担保权，可一同代位行使。

考点 39 违约责任的形态之一：继续履行（《民法典》第 580 条）

命题角度分析

案情场景

当事人双方订立合同，该合同中债务人负担非金钱债务（交货、提供劳务等）。

提问角度

(1) 债务人拒绝债权人继续履行之请求的条件是什么？

(2) 与违约责任相结合，考查债务人拒绝继续履行与其他违约责任承担的关系。

(3) 与合同解除相结合，考查在无需履行的非金钱之债中，当事人所享有的合同解除权。

在以下情况下，非金钱之债的债务人有权拒绝债权人继续履行的请求：

1. 履行不能

(1) 法律不能。即基于法律上的原因，债务已经不可能继续履行。

(2) 事实不能。即基于事实上的原因，债务已经不可能继续履行。

2. 债务的标的不适于强制履行。即根据债务标的的属性，纵然债权人起诉于法院并获得胜诉，法院也难以强制债务人继续履行债务的情形。但是，债权人可以请求债务人负担由第三人替代履行的费用。

3. 债务履行费用过高。即较之于债务人承担赔偿损失、违约金责任而言，其承担继续履行责任的成本巨大、费用过高。

4. 债权人在合理期限内未要求履行。即表明债权人并不需要债务人继续履行背后的特定利益。

考点 40 违约责任的形态之二：赔偿损失（《民法典》第 584、933、996 条；《买卖合同解释》第 18 条；《合同编通则解释》第 60 条）

命题角度分析

案情场景

当事人双方订立了合同，债务人违约，给债权人造成了损失。

提问角度

（1）债权人基于债务人违约，请求债务人赔偿损失的范围。

（2）与继续履行相结合，考查赔偿损失与继续履行的关系。

（一）直接利益损失

直接利益损失，是指因债务人违约已经给债权人造成的实际损失。直接利益损失的赔偿旨在恢复原状，即把债权人的财产利益恢复到合同履行之前的状态。

（二）可得利益损失

1. 预见性规则

可得利益损失，是指如果债务人正确履行债务，债权人由此本可得到却未得到的利益损失。可得利益损失赔偿作为一种展望未来的赔偿，其范围的确定，以"预见"为前提。具体来讲：

（1）预见的主体为债务人。即"债务人"所预见的债权人可得利益的损失，才属于赔偿范围。

（2）预见的时间为合同成立时。即债务人与债权人"订立合同时"所能预见的债权人可得利益的损失，才属于赔偿范围。

(3) 预见的范围应具有合理性。即可得利益必须是若债务人履行合同，债权人"必然"能够得到的利益，而不是"可能"得到的利益。

> **迷你案例**

案情：2023 年 1 月 25 日，甲公司与乙订立房屋 A 买卖合同，约定甲公司应于 2023 年 3 月 15 日将房屋 A 交付给乙。次日，乙与丙订立房屋 A 租赁合同，约定乙应于 2023 年 3 月 20 日将房屋 A 交付给丙。2023 年 2 月 15 日，甲公司将房屋 A 出卖给了丁，并办理了过户登记手续。因乙无法对丙履行租赁合同，乙向丙支付了违约金 3000 元。

问 1：乙能否请求甲公司向自己交付房屋 A 并办理过户登记手续？为什么？

答案：不能。甲公司已经将房屋 A 的所有权转让给了丁，已经无法对乙履行买卖合同的债务，构成法律不能。故无需继续履行。

问 2：乙能否主张解除与甲公司的房屋买卖合同？为什么？

答案：能。合同履行不能的，当事人有权解除之。

问 3：乙能否请求甲公司赔偿自己向丙所支付的 3000 元违约金？为什么？

答案：能。乙向丙支付的 3000 元违约金，为甲公司违约给乙造成的直接利益损失，甲公司应予赔偿。

问 4：乙能否请求甲公司赔偿自己本可获得的租金？为什么？

答案：不能。乙的租金损失，为甲公司违约给乙造成的可得利益损失，应当以甲公司缔约时的合理预见为前提，因甲公司并未预见，故甲公司无需赔偿。

2. 差价损失构成可得利益

(1) 交易差价

债务人违约，债权人解除合同，并实施"替代交易"的，有权按照"替代交易"与"原交易"的差价主张可得利益赔偿。但是，"替代交易"价格明显背离正常价格的，除外。

(2) 市场差价

债务人违约，债权人没有实施"替代交易"的，有权按照"合同价格"与"违约行为发生后合理期间内的市场价格"的差价，主张可得利益赔偿。

（三）加害给付

📝 命题角度分析

➡ 案情场景

当事人双方订立了合同，一方违约并且致另一方人身、财产损害。

➡ 提问角度

（1）债权人基于违约责任，可对债务人提出何种请求？

（2）债权人基于侵权责任，可对债务人提出何种请求？

（3）与精神损害赔偿责任相结合，考查债权人基于违约责任，能否请求债务人承担精神损害赔偿责任。

1. 概念

加害给付，是指债务人的违约行为，造成了债权人的绝对权利（人格权、财产权）或受法律保护之利益的损害。

2. 法律后果

（1）加害给付构成侵权责任与违约责任的竞合，债权人既可依据违约责任寻求救济，也可依据侵权责任寻求救济。债权人通过诉讼寻求救济的，应当在起诉时对其诉讼请求的依据作出选择。在一审开庭前，债权人可以变更其请求权依据。

（2）法律责任形态

❶侵权责任形态：赔偿损失（不包括可得利益损失）；

❷违约责任形态：赔偿损失（包括可得利益损失）、违约金、重作、更换、降价；

❸债务人加害给付，损害对方人格权并造成对方严重精神损害，受损害方选择请求其承担违约责任的，不影响受损害方请求精神损害赔偿。

🧍 迷你案例

案情：明星乙要参加演出，经纪人特意为此与甲商场沟通，甲商场推荐乙使用丙厂生产的 A 型化妆品参加演出。乙使用后面部红肿，花去治疗费 10 万元，且治疗后无法恢复如初，也因此无法参加演出。

问 1：乙若想追究丙厂的赔偿责任，怎么办？为什么？

答案：基于侵权责任索赔。在侵权责任中，产品的生产者需承担产品瑕疵的侵权责任。反之，若乙基于违约责任索赔，因丙厂与乙之间并无合同关系，故丙厂无需对乙承担违约责任。

问2：乙若想追究甲商场的赔偿责任，怎么办？为什么？

答案：既可基于违约责任索赔，也可基于侵权责任索赔。因为甲商场构成加害给付，既对乙构成侵权，也对乙构成违约，乙可择一主张。

问3：若乙想就演出报酬损失索赔，怎么办？为什么？

答案：基于违约责任向甲商场索赔。甲商场与乙之间存在买卖合同，故乙可基于违约责任索赔，因甲商场订立合同时，可以预见乙的演出报酬，故应承担该可得利益损失的赔偿责任。反之，若乙基于侵权责任索赔，则可得利益损失不属于侵权损害赔偿责任的范围。

问4：若乙想就精神损害索赔，怎么办？为什么？

答案：①基于侵权责任向丙厂、甲商场索赔。丙厂、甲商场生产、销售的化妆品存在品质瑕疵，造成乙人身损害和精神损害，乙可基于侵权责任，请求丙厂、甲商场承担精神损害赔偿责任。②基于违约责任向甲商场索赔。甲商场构成加害给付，且基于违约责任其也应承担精神损害赔偿责任，故乙基于违约责任索赔的，甲商场也应承担精神损害赔偿责任。

考点41 违约责任的形态之三：定金（《民法典》第586条；《合同编通则解释》第67、68条）

命题角度分析

案情场景

当事人双方订立了定金合同，一方向另一方交付了定金。

提问角度

（1）一方向另一方支付的金钱，是否构成定金？

（2）一方向另一方支付的金钱，构成定金的数额是多少？

（3）与违约责任相结合，考查定金与违约金、赔偿损失的关系。

（一）定金性质的确定

1. 当事人有约定的，从其约定。

（1）当事人约定是定金的，为定金。例如，当事人在约定中使用了"定金"字样或明确了定金罚则。

（2）当事人约定不是定金的，不是定金。例如，当事人作出了不同于定金罚则的约定。

2. 在当事人未约定是否为定金的情况下，法律规定是定金的，从其规定。

	认购书	认购金
具备买卖合同的主要内容	买卖合同	购房款
不具备买卖合同的主要内容	买卖合同的预约	预约定金

3. 当事人未约定且不属于法律规定的情形的，不是定金。

（二）定金数额

1. 当事人实际交付的定金数额多于或者少于约定数额的，以交付额为定金的数额。

2. 定金的数额不得超过主债标的额的20%，超出部分不具有定金效力。

（三）定金的分类

1. 违约定金

违约定金，是指以一方违约作为适用定金罚则条件的定金。

2. 解约定金

解约定金，是指以一方行使解除权作为适用定金罚则条件的定金。当事人约定解约定金的，意味着任何一方均可以承受定金罚则为代价，获得任意解除合同的权利。当事人对定金的性质约定不明的，推定为违约定金。

3. 成约定金

成约定金，是指根据当事人的约定，以定金的交付作为主合同成立条件的定金。当事人约定成约定金的，从其约定，定金不交付，主合同不成立。但主合同主要义务一方履行、对方接受的，除外。

考点 42　违约责任的形态之四：违约金（《民法典》第 585、588 条；《合同编通则解释》第 64、65 条）

（一）违约金与赔偿损失的关系

命题角度分析

◆ 案情场景

当事人双方订立了合同，约定了违约金，债务人违约，给债权人造成了损失。

◆ 提问角度

（1）债权人同时享有的违约金请求权和赔偿损失请求权，如何行使？

（2）与赔偿损失相结合，考查债务人应当赔偿的范围。

（3）违约金是否过高？债务人能否请求法院或仲裁机构适当减少违约金？

1. 债权人既享有违约金请求权，又享有赔偿损失请求权的，应主张违约金。

2. 违约金的调整

（1）如果约定的违约金"低于"造成的损失，债权人可以请求法院或者仲裁机构予以"增加"；

（2）如果约定的违约金"过分高于"造成的损失，因适用违约金对债务人不利，故债务人可以请求法院或者仲裁机构予以"适当减少"。

注意：

❶ "过分高于"的认定标准

第一，当事人约定的违约金的数额超过造成损失的 30%；

第二，当事人约定的违约金，相对于标的额，明显过高。

❷ 债务人"恶意违约"的，不得主张适当减少违约金。"恶意违约"的界定：

第一，有履约能力而违约；

第二，债务人违约后，与债权人订立和解协议，后在和解协议中又违约。
❸当事人在合同中约定不得主张减少违约金的，该约定无效。

（二）违约金与定金的关系

📝 命题角度分析

> ➡ **案情场景**
>
> 当事人双方订立了合同，合同中约定了违约金，一方还向另一方交付了定金，债务人违约。
>
> ➡ **提问角度**
>
> （1）债权人同时享有的违约金请求权和定金罚则请求权，如何行使？
> （2）与定金相结合，考查本案是否存在定金及定金的数额。

当事人既约定违约金，又约定定金的，一方违约时，对方可以选择适用违约金或者定金条款。

1. 债权人选择定金的，不得再请求债务人支付违约金。
2. 债权人选择违约金的，接受定金一方应返还定金。

（三）定金与赔偿损失的关系

📝 命题角度分析

> ➡ **案情场景**
>
> 当事人双方订立了合同，一方向另一方交付了定金，债务人违约，给债权人造成了损失。
>
> ➡ **提问角度**
>
> （1）债权人同时享有的赔偿损失请求权和定金罚则请求权，如何行使？
> （2）与赔偿损失相结合，考查本案中债务人应当赔偿的范围。
> （3）与定金相结合，考查本案是否存在定金及定金的数额。

合同约定的定金不足以弥补一方违约造成的损失，对方请求赔偿超过定金部分的损失的，法院可以并处，但定金和损失赔偿的数额总和不应高于因违约造成的损失。

专题 10 侵权责任

考点 43 过错和意外

命题角度分析

● 案情场景

致害人致受害人损害。

● 提问角度

(1) 致害人的侵权损害赔偿责任的承担，是否应当以过错为条件？

(2) 致害人有无过错？

(3) 致害人是否应当基于公平责任，对受害人的损失进行适当分担？

（一）区分

1. 行为人应当预见到自己的行为会导致损害的，为过错。

2. 行为人不应当预见到自己的行为会导致损害的，为意外。

（二）区分的意义

1. 在适用过错责任的侵权类型中，具有过错的，方承担赔偿责任。

2. 因意外导致损害，具有因果关系的，应承担公平责任，即双方酌情分担损失。

迷你案例

案情：甲并非荣丰花园小区的业主，在其进入小区时，物业未按照规章制度对甲进行身份登记。因小区业主乙在道路上晾晒陈皮，甲绕路到5号楼下，被楼上掉落的灭火器砸伤。

问1：物业和乙是否应当对甲的损害承担赔偿责任？为什么？

答案：否。物业和乙均无法预见到自己的行为（未登记、晒陈皮）会导致甲遭受损害，故没有过错。

问 2：物业和乙是否应当对甲的损害承担公平责任？为什么？

答案：否。物业和乙的行为（未登记、晒陈皮）与甲的损害之间，不存在因果关系，不符合公平责任的构成要件。

考点 44　无过错责任的类型（《民法典》第 1230、1245、1246 条）

📝 命题角度分析

➡ 案情场景

环境污染致人损害或饲养动物致人损害。

➡ 提问角度

(1) 致害人证明自己没有过错的，可否不承担侵权责任？

(2) 致害人证明什么，才可不承担侵权责任？

（一）概述

1. 无过错责任是"不问过错的责任"。无过错责任之承担，与致害人的过错无关，但与法定的减责、免责事由有关。

2. 无过错责任原则中的法定减责、免责事由，由致害人负举证责任。

（二）环境污染致人损害

1. 污染者承担无过错责任。

2. 免责事由：污染者证明"没有因果关系"，方可免责。

（三）饲养动物致人损害

1. 饲养人或管理人承担无过错责任。

2. 一般减责、免责事由

（1）原则

❶受害人故意造成的，饲养人或管理人免责；

❷受害人重大过失造成的，饲养人或管理人减责。

（2）特殊情形

❶受害人故意造成，而饲养人或管理人未对动物采取安全保障措施的，饲养人或管理人减责；

❷受害人重大过失造成，而饲养人或管理人未对动物采取安全保障措施的，饲养人或管理人全责；

❸饲养烈性犬等危险动物致人损害的，饲养人或管理人全责。

	饲养人或管理人 并无不当	饲养人或管理人 未拴绳	饲养人或管理人 养藏獒
受害人故意造成	免责	减责	全责
受害人重大过失造成	减责	全责	

考点 45 财产损害赔偿与精神损害赔偿

（一）财产损害赔偿（《民法典》第 1184 条）

命题角度分析

案情场景

致害人侵害他人财产，导致受害人遭受财产损失。

提问角度

（1）致害人所应当承担的损害赔偿责任的范围；

（2）与违约责任的赔偿范围相结合，考查存在加害给付时，权利人选择侵权责任或违约责任时赔偿范围的不同之处。

1. 侵害他人财产的，财产损失按照损失发生时的市场价格或者其他方式计算。

2. 财产侵权损害赔偿，不包括可得利益的赔偿。

（二）精神损害赔偿（《民法典》第 1183 条；《精神损害赔偿解释》第 3 条）

命题角度分析

案情场景

致害人侵害他人人身或财产，导致受害人遭受精神损害。

提问角度

（1）致害人是否应当承担精神损害赔偿责任？

（2）与加害给付相结合，考查在致害人加害给付，按照侵权责任应当承担精神损害赔偿责任的情况下，受害人可否按照违约责任，主张精神损害赔偿的问题。

1. 精神损害赔偿请求权的主体

精神损害赔偿请求权是专属于自然人的权利。法人或者其他组织不得主张精神损害赔偿。

2. 精神损害赔偿的发生情形

（1）侵害自然人人身权益，造成自然人严重精神损害的，被侵权人有权请求精神损害赔偿。

（2）因故意或者重大过失侵害自然人具有人身意义的特定物，如有重大纪念意义的物品，造成自然人严重精神损害的，被侵权人有权请求精神损害赔偿。

（3）死者近亲属的精神损害赔偿请求权

❶自然人因侵权行为致死，或自然人死亡后其人格或者遗体遭受侵害的，死者近亲属有权请求侵权人承担精神损害赔偿责任。

❷在上述情况下，死者的配偶、父母和子女有权诉请精神损害赔偿；没有配偶、父母和子女的，其他近亲属有权诉请精神损害赔偿。

考点46　共同侵权（《民法典》第1168~1172条）

命题角度分析

案情场景

2个或2个以上致害人均具有过错，实施侵权行为，导致同一损害结果。

提问角度

（1）该种侵权行为的性质如何界定？

（2）该种侵权行为的责任如何承担？

（一）共同加害侵权

1. 2个或2个以上致害人存在意思联络，过错实施侵权行为，导致一个损害结果的，为共同加害。

2. 共同加害人对其所造成的损害结果，承担连带赔偿责任。

（二）教唆、帮助侵权

1. 教唆、帮助完全民事行为能力人实施侵权行为的，教唆、帮助者与行为人承担连带责任。

2. 教唆、帮助限制民事行为能力人、无民事行为能力人实施侵权行为

（1）监护人尽到监护职责的，教唆、帮助者承担全部侵权责任；

（2）监护人未尽到监护职责的，教唆、帮助者与监护人承担按份责任。

（三）共同危险侵权

1. 2个或2个以上行为人均实施了有可能导致损害结果发生的危险行为，但只有部分危险行为导致了损害结果发生，且导致损害结果发生的行为人不能查明的，为共同危险。由此可见，多个危险行为人、一个不确定的因果关系，是构成共同危险行为的核心特征。

2. 共同危险行为人不能证明损害结果不是由其行为造成的，承担连带赔偿责任。

（四）扩展：无意思联络的行为结合

无意思联络的行为结合，是指2个或2个以上致害人，在没有意思联络的情况下，各自实施侵害行为，且导致一个损害结果。

1. 直接结合

（1）在直接结合的情况下，假设部分行为未曾实施，该损害结果依然无法避免。

```
          行为A ──────→  ╭──╮
（无意思联络）│              │损│
          行为B ──────→  │害│
                          ╰──╯
```

(2) 直接结合的法律后果

在直接结合的情况下，各行为人对其所造成的损害结果，承担连带赔偿责任。

2. 间接结合

(1) 在间接结合的情况下，假设部分行为未曾实施，损害结果即可避免。

行为A ——（无意思联络）——> 行为B ——> 损害

(2) 间接结合的法律后果

在间接结合的情况下，各行为人对所造成的损害结果，根据其过错的大小，承担按份赔偿责任。

迷你案例

案情：甲、乙致丙损害。

问1：如果甲、乙商量好，甲将丙骗到树林中，乙举枪对丙射击，致丙死亡。

(1) 甲、乙构成何种共同侵权？

答案：共同加害侵权。甲、乙存在意思联络，过错致丙损害，构成共同加害侵权。

(2) 甲、乙如何承担侵权责任？

答案：连带赔偿。共同加害致人损害的，各加害人承担连带责任。

问2：如果甲将一把枪交给乙，对乙说："对丙此仇不报，何以为人？"乙举枪对丙射击，致丙死亡。

(1) 甲、乙构成何种共同侵权？

答案：教唆、帮助侵权。甲教唆、帮助乙实施侵权行为，构成教唆、帮助侵权。

(2) 甲、乙如何承担侵权责任？

答案：原则上，甲、乙连带赔偿。若乙为限制民事行为能力人或无民事行为能力人，甲承担全部赔偿责任。乙的监护人有过错的，承担相应责任。

问3：如果甲、乙共同对丙射击，只有一颗子弹致丙死亡，但无法查明是谁开枪所致。

(1) 甲、乙构成何种共同侵权？

答案：共同危险侵权。甲、乙实施危险行为，且一个行为导致损害结果发生，但因果关系不能查明，构成共同危险侵权。

(2) 甲、乙如何承担侵权责任？

答案：连带赔偿。共同危险行为致人损害，因果关系不能查明的，各危险行为人承担连带责任。

问4：甲、乙分别在山中打猎，互不知晓对方的存在。二人发现"猎物"后，无暇细看，不约而同地举枪射击，同时打中正在草丛中方便的丙，均打中丙的要害，致丙死亡。

(1) 甲、乙构成何种共同侵权？

答案：无意思联络的直接结合侵权。甲、乙没有意思联络，过失导致同一损害结果发生，构成无意思联络的行为结合。甲、乙的行为均可独立导致损害结果的发生，故构成无意思联络的直接结合侵权。

(2) 甲、乙如何承担侵权责任？

答案：连带赔偿。无意思联络的直接结合侵权致人损害的，行为人承担连带责任。

问5：甲在山中打猎，发现"猎物"后，无暇细看，举枪射击，结果将正在草丛中方便的丙打伤。甲送丙去乙医院急救，乙医院手术过程中消毒不当，致丙感染后死亡。

(1) 甲、乙医院构成何种共同侵权？

答案：无意思联络的间接结合侵权。甲、乙医院没有意思联络，过失导致同一损害结果发生，构成无意思联络的行为结合。甲、乙医院的行为先后结合导致损害结果的发生，故构成无意思联络的间接结合侵权。

(2) 甲、乙医院如何承担侵权责任？

答案：按份赔偿。无意思联络的间接结合侵权致人损害的，行为人承担按份责任。

考点 47 ▶▶ 替代责任（《民法典》第1188、1191条）

（一）职务侵权

📝 命题角度分析

➲ 案情场景

雇员行为致人损害。

➲ 提问角度

（1）谁来承担侵权损害赔偿责任？

（2）雇员行为是职务行为还是个人行为的界定。

1. 雇员的行为具有执行职务外观的，为职务行为。
2. 雇员的职务行为致人损害的，由雇主承担替代责任。
3. 雇员存在故意或重大过失的，雇主承担替代责任后，有权向雇员追偿。

（二）被监护人致人损害

📝 命题角度分析

➲ 案情场景

被监护人行为致人损害。

➲ 提问角度

（1）谁来承担侵权损害赔偿责任？

（2）被监护人是否有承担责任的财产与监护人是否尽到监护职责的关系。

（3）与监护相结合，考查监护人的确定。

1. 被监护人有财产的，由被监护人承担责任。
2. 被监护人没有财产或财产不足以承担责任的，监护人承担补充责任。
3. 监护人尽到监护职责的，可以适当减轻责任。

考点 48　定作人责任（《民法典》第 1193 条）

命题角度分析

▶ 案情场景

在承揽关系中，承揽人致人损害或遭受损害。

▶ 提问角度

（1）定作人是否承担侵权损害赔偿责任？

（2）与职务侵权相结合，考查承揽人与雇员责任的区分。

（3）与承揽合同相结合，考查定作人的任意解除权。

1. 定作人对定作、指示、选任没有过失的，不承担赔偿责任。

2. 定作人对定作、指示、选任有过失的，应当承担与其过失相适应的赔偿责任。换言之，此时定作人与承揽人所承担的责任，为按份责任。

迷你案例

案情：甲与乙装修公司（以下简称"乙公司"）订立装修合同，由乙公司为甲的新居进行装修。因甲对乙公司的装修进度不满，遂通知乙公司解除装修合同。后经协商，甲同意合同继续履行。在装修过程中，乙公司的工人丙一边干活一边刷抖音，将水管打破，水流到楼下丁的家中，致丁损害。

问 1：甲是否有权解除装修合同？为什么？

答案：是。甲与乙公司的装修合同属于承揽合同，甲作为定作人，享有任意解除权。

问 2：丙是否应当对丁的损害承担侵权责任？为什么？

答案：否。丙的职务行为致丁损害，无需对丁承担侵权责任。

问 3：甲是否应当对丁的损害承担侵权责任？为什么？

答案：否。甲并无定作、指示、选任过错，故无需承担定作人责任。

问 4：乙公司对丁承担赔偿责任后，可否向丙追偿？

答案：可以。丙打破水管具有重大过失，故乙公司可向丙追偿。

考点 49 ▶▶ 高空物件掉落致人损害（《民法典》第 1170、1253、1254 条）

命题角度分析

案情场景

楼上东西掉下来，致人损害。

提问角度

（1）这是哪一种侵权责任？责任如何承担？

（2）与过错的界定相结合，考查致害人是否承担侵权责任。

（一）高空坠物

1. 特征

从建筑物中抛掷物品或者从建筑物上坠落的物品造成他人损害，但难以确定具体侵权人。

2. 责任

（1）除能够证明自己不是侵权人的外，由可能加害的建筑物使用人承担按份补偿责任。可能加害的建筑物使用人补偿后，有权向侵权人追偿。

（2）物业服务企业等建筑物管理人未采取必要的安全保障措施的，应当依法承担未履行安全保障义务的侵权责任。

（二）共同危险

1. 特征

多个危险行为人均实施可能致物品坠落的危险行为，但只有 1 个行为导致物品坠落，且难以确定是谁的行为所导致。

2. 责任

各危险行为人承担连带赔偿责任。

（三）脱落、坠落

1. 特征

建筑物上的搁置物、悬挂物脱落、坠落致人损害，且无任何的不确定性。

2. 责任

（1）建筑物的所有人、管理人或者使用人不能证明自己没有过错的：

❶所有人、管理人或者使用人应当承担侵权责任；

❷有其他责任人的，所有人、管理人或者使用人有权向其他责任人追偿。

（2）建筑物的所有人、管理人或者使用人能够证明自己没有过错的：

❶所有人、管理人或者使用人承担公平责任；

❷有其他责任人的，其他责任人对受害人承担侵权责任。

> **迷你案例**
>
> 案情：甲经过 A 楼西北角时，有花盆落下，将甲砸伤。
>
> 问 1：如果不知该花盆是从哪一层楼掉下来的：
>
> （1）本案构成何种侵权？
>
> 答案：高空坠物侵权。高空坠落的物品致害，无法确定致害人的，为高空坠物侵权。
>
> （2）谁对甲的损害承担侵权责任？
>
> 答案：①A 楼西北角的所有住户不能证明花盆与自己无关的，应对甲的损害承担按份补偿责任。如果弄清楚花盆是谁家掉下来的，承担了补偿责任的住户有权向其追偿。②小区物业未尽安全保障义务的，也应承担侵权责任。
>
> 问 2：如果该花盆是 10 楼的住户乙与朋友丙、丁在阳台上追逐打闹时碰落的，但不知具体是谁碰落的：
>
> （1）本案构成何种侵权？
>
> 答案：共同危险侵权。高空坠落的物品致害，出现多个危险行为人，但无法确定因果关系的，为共同危险侵权。
>
> （2）谁对甲的损害承担侵权责任？
>
> 答案：共同危险侵权，共同危险行为人乙、丙、丁连带对甲承担赔偿责任。
>
> 问 3：如果该花盆是从 10 楼的住户乙家的阳台掉下来的，原因是丙到乙家串门，在乙的阳台上跳绳，将阳台上的花盆碰落：
>
> （1）本案构成何种侵权？
>
> 答案：脱落、坠落侵权。建筑物上的搁置物坠落致人损害，没有不确定性的，为脱落、坠落侵权。

（2）经查，乙未加阻拦。谁对甲的损害承担侵权责任？

答案：乙承担赔偿责任，并有权向丙追偿。脱落、坠落侵权的，建筑物的所有人、使用人、管理人承担过错推定责任。有其他责任人的，承担了过错推定责任的所有人、使用人、管理人可以向其他责任人追偿。

（3）经查，乙告诫丙别在阳台上运动，然后出门上班。丙仍到阳台上跳绳，将阳台上的花盆碰落。谁对甲的损害承担侵权责任？

答案：乙没有过错，不承担侵权责任，丙对甲的损害承担侵权责任。脱落、坠落侵权的，因建筑物的所有人、使用人、管理人承担过错推定责任，故若其无过错，则无需承担责任。此时，由其他责任人直接向受害人承担侵权损害赔偿责任。

综合案例 第二部分

案例 1 世界杯广告案

案情： 在世界杯开赛前夕，甲公司发布商业广告称，本公司进口了一批A型汽车，每台价格20万元。如果法国队在本次世界杯期间夺冠，那么购买A型汽车的客户，全额退款。乙在不知该广告的情况下，购买了一辆A型汽车。丙看到该广告后，前往购买，但甲公司的A型汽车已经售罄。本届世界杯，法国队果然夺冠。

2022年1月20日，甲公司向社会发布债券募集说明书称，本公司将于2022年2月1日至3月1日发行公司债券5000万元，债期3年，年利率8%。丁公司向甲公司表示，愿购买甲公司发行的全部债券，但年利率为10%。甲公司同意，遂与丁公司订立《债券认购协议》，并在2022年2月1日将5000万元债券交付予丁公司。2022年2月15日，戊前往甲公司购买债券，但债券已经售罄。

2023年5月20日，甲公司股东会作出决议，同意为己公司从建设银行的100万元贷款提供连带责任保证。2023年5月21日，甲公司董事长张某向建设银行通知股东会决议内容，建设银行表示接受该担保，双方订立《担保意向书》，约定在1个月内订立书面的《保证合同》，甲公司的保证责任自《保证合同》签订时成立。

2023年5月25日，己公司因另一合同纠纷，将甲公司诉诸法院，甲公司

119

股东会又形成决议,撤销 2023 年 5 月 20 日作出的为己公司债务担保的决议。于是,张某未与建设银行订立《保证合同》,但此时建设银行已经将 100 万元借款发放给了己公司。

问题:(共 26 分)

1. 乙能否要求甲公司退款?为什么?(4 分)

2. 丙能否追究甲公司的违约责任?为什么?(6 分)

3. 债券到期后,甲公司能否主张按照年利率 8%向丁公司支付利息?为什么?(4 分)

4. 戊能否追究甲公司的违约责任?为什么?(4 分)

5. 建设银行能否追究甲公司《担保意向书》上的违约责任?为什么?(5 分)

6. 如果己公司到期无力向建设银行偿还贷款,建设银行能否请求甲公司承担担保责任?为什么?(3 分)

答案

1. 能。（1分）甲公司的商业广告内容明确、具体，且未表示不接受约束（1分），构成要约（1分）。乙与甲公司订立合同后，该广告内容构成合同组成部分（1分），故乙有权请求甲公司履行合同，退还款项。

2. 能。（1分）甲公司的商业广告内容明确、具体，且未表示不接受约束（1分），构成要约（1分）。丙向甲公司表示同意购买A型汽车，构成承诺（1分），与甲公司达成合意（1分），故买卖合同成立（1分）。现甲公司无法履行合同，故应承担违约责任。

3. 不能。（1分）甲公司发布的债券募集说明书，构成要约邀请。（1分）丁公司向甲公司提出的购买表示，构成要约（1分），甲公司表示同意按照丁公司的条件销售债券，构成承诺（1分）。因此，甲、丁公司的债券关系，按照《债券认购协议》的内容确定，即甲公司应按照年利率8%向丁公司支付利息。

4. 不能。（1分）甲公司发布的债券募集说明书，构成要约邀请。（1分）戊向甲公司提出的购买表示，构成要约。（1分）甲公司并未作出承诺，债券合同并未成立（1分），故戊不能追究甲公司的违约责任。

5. 能。（1分）《担保意向书》中明确约定未来订立《保证合同》（1分），且约定保证关系自《保证合同》成立时产生（1分），故《担保意向书》构成预约（1分）。因可归责于甲公司（1分）的原因，导致《保证合同》未能订立，甲公司构成《担保意向书》上的违约，故建设银行可追究其违约责任。

6. 不能。（1分）本题中，甲公司与建设银行明确约定，甲公司的担保责任自《保证合同》订立时确立。（1分）因《保证合同》并未订立（1分），故甲公司并不承担担保责任。

案例 2　法人设立案

案情：甲、乙二人欲出资设立 A 公司。在 A 公司设立期间，甲、乙基于未来 A 公司设立的需要，与 B 公司负责房屋出租的业务经理丙订立房屋租赁合同，约定甲、乙租赁 B 公司办公楼 1 层，年租金 20 万元，租金每年一付。为担保租金债务，C 公司法定代表人丁与丙订立保证合同约定，C 公司为 B 公司的租金债权提供连带责任保证。在 A 公司尚未成立之际，第一年租金债务到期。此时，B 公司收到 C 公司的函件，称本公司法定代表人丁所订立的保证合同，并未经本公司股东会决议，本公司不承担保证责任。经查，C 公司确实未召开股东会表决此事，但 C 公司的全体股东均向丁出具书面意见，表示"同意担保"。因此函件，B 公司方知道丙与甲、乙订立租赁合同之事。由于 B 公司的《办公楼租赁管理办法》明确规定，该办公楼层的年租金不得低于 25 万元，故 B 公司向甲、乙发函称，提高年租金至 25 万元，否则 B 公司拒绝出租房屋。甲、乙遂向 B 公司复函称，年租金 20 万元不可变更，且 B 公司若不履行租赁合同，将追究 B 公司的违约责任。

问题：（共 16 分）

1. 在甲、乙不同意增加租金的情况下，B 公司能否拒绝出租房屋？为什么？（4 分）

2. 如果甲、乙与丙订立租赁合同之时就知道 B 公司《办公楼租赁管理办法》中的租金规定，甲、乙收到 B 公司的信函后，可否撤销办公楼租赁合同？（4 分）

3. C 公司可否拒绝承担保证责任？为什么？（2 分）

4. 谁应当向 B 公司交付第一年的租金？为什么？（2 分）

5. 如果第二年租金债务到期，此时 A 公司已经成立。谁应当向 B 公司交付租金？为什么？（4 分）

答案

1. 不能。（1分）因为丙出租房屋构成无权代理，但因丙是B公司负责出租房屋的业务经理，该职务属于<u>表见事由</u>（1分），丙出租房屋构成表见代理（1分），故该<u>房屋租赁合同有效</u>（1分），所以B公司应承担合同的后果。

2. 不可以。（1分）因为此时丙的职务已经<u>不具有表见事由的意义</u>（1分），丙构成<u>狭义无权代理</u>（1分）。狭义无权代理的相对人行使撤销权，需要以"<u>相对人善意</u>"（1分）为条件。甲、乙不具有"善意"要件，故不可行使撤销权。

3. 不可以。（1分）因为C公司全体股东均<u>书面表示"同意担保"</u>（1分），所以纵然未召开股东会表决，担保合同依然有效。

4. 甲、乙承担连带债务。（1分）因为第一年租金债务到期时，<u>A公司尚未成立</u>（1分），所以甲、乙承担连带租金债务。

5. B公司可以选择甲、乙承担连带租金债务，也可以选择A公司承担租金债务。（1分）因为甲、乙与A公司订立租赁合同时，是以<u>自己的名义</u>（1分），所以<u>A公司成立</u>（1分）后，B公司<u>有权选择</u>（1分）甲、乙或者A公司承担租金债务。

案例 3　机器设备买卖案

案情：2023年1月5日，甲、乙公司订立买卖合同，约定甲公司将机器设备A或机器设备B以100万元的价格出卖给乙公司，未约定选择权，但约定乙公司于合同订立后交付预付款10万元，余款于交货日支付。甲公司法定代表人张某在买卖合同上签字，但并未加盖甲公司的印章。合同订立后，乙公司将10万元预付款交付予甲公司。

次日，丙公司经股东会决议，以机器设备C向甲公司设立抵押，担保甲公司的价金债权，但未办理抵押登记。马小芸向甲公司送交函件，表示只要乙公司到期不履行债务，甲公司即可请求马小芸承担担保责任。2023年1月20日，甲公司将机器设备A交付给乙公司，乙公司未如约支付剩余价款。2023年2月1日，因丙公司欠付丁公司的800万元借款到期未付，丁公司诉请法院扣押了机器设备C。经查，丙公司将货车D借给丁公司使用，丁公司尚未归还。2023年8月10日，甲公司请求马小芸承担担保责任，马小芸拒绝。

2023年2月20日，丙公司与丁公司订立《抵债协议》，约定丙公司以房屋C向丁公司抵偿债务，丙公司应于《抵债协议》订立之日起1周内向丁公司交付并办理过户登记。《抵债协议》订立后，丁公司觉得房屋C地段不佳，遂起诉丙公司，要求丙公司支付800万元借款。

问题：（共26分）

1. 买卖合同上并未加盖甲公司印章，买卖合同是否成立？为什么？（2分）

2. 如果经查，买卖合同中明确约定，"本合同需以甲公司加盖印章为成立条件"，买卖合同是否成立？为什么？（3分）

3. 甲、乙公司的买卖合同标的，谁有权选择？为什么？（4分）

4. 2023年2月1日后，甲公司能否就机器设备C优先于丁公司受偿？为什么？（3分）

5. 2023年2月1日后，丁公司可否对货车D行使留置权？为什么？（3分）

6. 马小芸向甲公司所提供的担保，性质如何？为什么？（4分）

7. 2023年8月10日，马小芸可否拒绝承担担保责任？为什么？（3分）

8. 丁公司对丙公司所提起的诉讼，其诉讼请求能否成立？为什么？（4分）

答案

1. 成立。（1分）本案中，甲公司法定代表人张某系有权代表（1分），故张某签字后，代表行为完成，合同成立。

2. 成立。（1分）合同中约定以加盖法人印章为成立条件的，该合同为要式合同。（1分）因乙公司已经支付了10万元预付款，且甲公司接受，构成了主要义务一方履行、对方接受（1分），故纵然形式要件不具备，买卖合同依然成立。

3. 甲公司。（1分）因为甲、乙公司的买卖合同为选择之债。（1分）在选择之债中，当事人未约定选择权（1分）的，由债务人（1分）甲公司选择。

4. 不能。（1分）因为甲公司并未对机器设备C上的抵押权进行登记，不得对抗申请法院强制（1分）的抵押人丙公司的债权人（1分）丁公司，故甲公司只能就法院执行后的剩余价值受偿。

5. 不可以。因为丁公司与丙公司的货车D借用关系与丁公司与丙公司的借款关系，不具有同一性（1分），且丁公司的借款债权并非商事营业债权（1分），不具备商事留置权的要件（1分），故丁公司不得留置货车D。

6. 连带责任保证。（1分）因为马小芸并未以任何特定财产（1分）为甲公司设立担保，故为保证；又因马小芸明确允诺"只要乙公司不履行债务，即承担担保责任"（1分），即约定了连带责任保证（1分），故从其约定。

7. 可以。因为甲、乙公司的买卖合同中约定，乙公司应在甲公司交货时支付剩余价款，即乙公司的剩余价款债务到期日为甲公司交货日（2023年1月20日）。由于保证合同未约定保证期间，故保证期间为6个月（1分），即至2023年7月20日届满。又由于甲公司并未在保证期间内请求（1分）马小芸承担保证责任，故马小芸可以保证期间届满（1分）为由，拒绝承担保证责任。

8. 不能成立。（1分）丙、丁公司订立的《抵债协议》，性质为履行期届满后达成的以物抵债协议。（1分）该协议成立即生效，故丁公司应先请求丙公司履行《抵债协议》。（1分）只有在丙公司不履行《抵债协议》时，丁公司才有权选择请求丙公司履行原债务或履行《抵债协议》。（1分）

案例 4 汽车买卖案

案情： 2022年3月5日，甲、乙公司订立汽车买卖合同，约定甲公司将汽车A以50万元的价格出卖给乙公司，甲公司交付汽车A 1周后，乙公司支付价款。经查，汽车A发生过重大交通事故，使用中存在重大安全隐患，但甲公司未向乙公司说明此事。甲公司如约向乙公司交付汽车A后，乙公司于2022年4月5日知道了汽车A发生过交通事故之事，遂拒绝付款，并要求甲公司承担汽车买卖合同上的违约责任。甲公司对乙公司要求其承担违约责任的主张置之不理，反复催告乙公司支付价款无果后，遂于2022年5月5日向乙公司发函，主张解除汽车买卖合同。

2022年6月5日，甲公司向乙公司重新交付汽车后，乙公司仍未支付价款，甲公司遂在乙公司所在地A法院对乙公司提起诉讼。法院立案后不久，甲公司得知乙公司对丙公司的30万元借款债权已经到期，乙公司并未催要，于是甲公司又在A法院对丙公司提起了代位权之诉，但A法院对该代位权之诉并无管辖权。B法院受理了甲公司对丙公司提起的代位权之诉后，在庭审过程中，乙公司提出如下抗辩事由：①乙公司与丙公司的借款合同中约定了仲裁条款，故B法院无权管辖该代位权之诉。②在B法院受理该代位权之诉后，乙公司便对丙公司申请了仲裁。故乙公司不构成"怠于主张到期债权"，甲公司不得提起代位权之诉。③乙公司现郑重表示：免除丙公司的借款债务。既然现在丙公司已经不再是次债务人，甲公司就不得提起代位权之诉。

问题： （共29分）

1. 2022年4月5日后，汽车买卖合同是否被撤销？为什么？（4分）
2. 2022年4月5日后，乙公司能否拒绝付款？为什么？（4分）
3. 2022年4月5日后，乙公司能否追究甲公司的违约责任？为什么？（5分）
4. 2022年5月5日，甲公司能否解除汽车买卖合同？为什么？（3分）
5. A法院应如何处理甲公司对丙公司所提起的代位权之诉？（2分）

6. 乙公司所提出的第一个抗辩事由能否成立？为什么？（3分）
7. 乙公司所提出的第二个抗辩事由能否成立？为什么？（4分）
8. 乙公司所提出的第三个抗辩事由能否成立？为什么？（4分）

答案

1. 否。（1分）因为甲公司未告知乙公司汽车A发生过重大交通事故（1分），构成欺诈（1分），乙公司享有撤销权但未以诉讼或仲裁方式行使（1分）之，所以合同并未撤销。

2. 能。（1分）因为乙公司未行使撤销权（1分），汽车买卖合同具有约束力（1分）。甲公司交付的汽车A质量不符合约定，乙公司有权以先履行抗辩权（1分）为由，拒绝付款。

3. 能。（1分）因为乙公司未行使撤销权（1分），汽车买卖合同具有约束力（1分）。因此，甲公司交付的汽车A质量不符合约定（1分），构成违约（1分），乙公司可追究甲公司的违约责任。

4. 不能。（1分）因为既然乙公司享有先履行抗辩权（1分），那么乙公司即不构成违约（1分），甲公司不得以乙公司迟延履行主要债务，经催告后在合理期限内仍不履行为由，主张解除汽车买卖合同。

5. A法院应告知甲公司向有管辖权的法院起诉（1分），且在甲公司对乙公司提起的诉讼审理终结之前，甲公司对丙公司提起的代位权之诉，应当中止审理（1分）。

6. 不能成立。（1分）债务人与次债务人之间的仲裁协议（1分）、管辖协议，不影响债权人对次债务人提起代位权之诉（1分）。

7. 不能成立。（1分）甲公司提起代位权之诉后、首次开庭前（1分），债务人与次债务人发生仲裁（1分）的，后果是代位权之诉可以中止审理（1分），而非甲公司无权提起代位权之诉。

8. 不能成立。（1分）代位权之诉提起后（1分），债务人向次债务人免除债务、恶意延长债期（1分）的，次债务人不得以之抗辩债权人（1分）。

案例 5 办公楼装修案

案情： 甲装修公司（以下简称"甲公司"）与乙公司订立装修合同，约定甲公司为乙公司装修办公楼，装修费100万元，待竣工验收合格后一次性付清。为了完成装修工作，甲公司与丙公司订立买卖合同，约定甲公司以100万元的价格购买丙公司的设备A，价款分4次付清，每次付款25万元，首期款于丙公司交付设备A后1周内支付。为担保丙公司的价金债权，宋大江与丙公司订立保证合同，但未约定保证责任的承担方式。

丙公司将设备A交付给甲公司后，与乙公司订立债权转让合同，约定丙公司将其对甲公司的100万元价金债权转让给乙公司。债权转让合同订立2周后，丙公司向甲公司通知了此事。但此时甲公司已经将第一期价款支付给了丙公司。第3周，丙公司与秦光明订立债权转让合同，将其对甲公司的100万元价金债权转让给秦光明，并通知了甲公司。随后，甲公司将第二期价款支付给了秦光明。

及至第三、四期价款到期后，甲公司未向任何人支付款项。装修工程竣工并经验收合格后，甲公司将其对乙公司的100万元装修工程款债权转让给丁公司，并向乙公司通知了此事。1年后，甲公司破产，乙公司未申报破产债权。现丁公司请求乙公司支付100万元的装修款。

问题：（共45分）

1. 乙公司可以请求谁向自己支付第一期价款25万元？为什么？（7分）
2. 乙公司可以请求谁向自己支付第二期价款25万元？为什么？（3分）
3. 乙公司能否请求秦光明向自己返还第二期价款25万元？为什么？（2分）
4. 宋大江是否应当对乙公司第一期价款的受偿承担担保责任？为什么？（4分）
5. 宋大江是否应当对乙公司第二期价款的受偿承担担保责任？为什么？（4分）
6. 宋大江是否应当对秦光明价金债权的受偿承担担保责任？为什么？（5分）

7. 甲公司破产后，乙公司就未获清偿的价款债权，可否请求宋大江承担保证责任？为什么？（5分）

8. 宋大江可采取何种措施保护自己的利益？为什么？（4分）

9. 在甲公司已经破产的情况下，乙公司面对丁公司的装修款主张，可采取何种措施保护自己的利益？为什么？（8分）

10. 如果丙公司交付给甲公司的设备 A 质量不符合约定，无法使用。乙公司能否行使抵销权？为什么？（3分）

答案

1. 丙公司。（1分）在丙、甲公司的买卖关系中，丙公司享有价金债权。丙公司与乙公司订立了债权转让合同（1分）后，乙公司即享有了该债权（1分），成为了新的债权人。但是，甲公司向丙公司支付第一期价款时，并未收到债权转让的通知（1分），故甲公司向丙公司付款，对象正确（1分），其第一期价款债务已经消灭（1分）。因此，乙公司不得请求甲公司再次履行第一期价款。进而，由于丙公司接受甲公司的履行，对乙公司构成不当得利（1分），乙公司有权请求丙公司返还其所受领的第一期价款。

2. 甲公司。（1分）甲公司先后收到丙公司对乙公司、秦光明的债权转让通知，应当向通知先到达的乙公司履行债务。（1分）甲公司向通知后到达的秦光明支付第二期价款，对象不正确，债务不消灭（1分），故乙公司有权请求甲公司向自己支付第二期价款25万元。（甲公司可向秦光明主张不当得利的返还）

3. 不能。（1分）甲公司先后收到丙公司对乙公司、秦光明的债权转让通知，甲公司向通知后到达的秦光明支付第二期价款，只有在秦光明知道或应当知道自己的债权转让通知在后的情况下（1分），乙公司才能请求秦光明返还价款，而本题中并无秦光明知道或应当知道的事实。

4. 否。（1分）宋大江所担保的原本是丙公司对甲公司的价款债权。（1分）在丙公司将该债权转让给乙公司后，因债权转让，原则上担保人需继续承担担保责任（1分），故此时宋大江所担保的是乙公司对甲公司的价款债权（1分）。至于乙公司对丙公司的不当得利返还债权，不属于宋大江担保责任的范围，故宋大江不承担担保责任。

5. 是。（1分）宋大江所担保的原本是丙公司对甲公司的价款债权。（1分）在丙公司将该债权转让给乙公司后，因债权转让，原则上担保人需继续承担担保责任（1分），故此时宋大江应对乙公司对甲公司的价款债权（1分）承担担保责任。现乙公司有权请求甲公司向自己支付第二期价款，那么宋大江需对该笔债权承担担保责任。

6. 否。（1分）宋大江所担保的原本是丙公司对甲公司的价款债权。在丙公司将该债权转让给秦光明后，因债权转让，原则上担保人需继续承担担保责任（1分），故此时宋大江应对秦光明对甲公司的价款债权承担担保责任。然而，在本案中，因秦光明的通知后到达（1分），甲公司有权拒绝向秦光明履行债务（1分），故宋大江也享有甲公司的抗辩权（1分），有权拒绝对秦光明承担担保责任。

7. 可以。（1分）宋大江所提供的保证，因未明确保证责任（1分），故为一般保证（1分），原则上宋大江享有先诉抗辩权。但是，在债务人甲公司破产（1分）的情况下，构成先诉抗辩权的例外（1分），宋大江的先诉抗辩权不得主张，故乙公司就未获清偿的价款债权，可以请求宋大江承担保证责任。

8. 预先行使追偿权。（1分）在乙、甲公司的设备A价款关系中，债务人甲公司破产，债权人乙公司未申报破产债权（1分），宋大江在尚未承担保证责任（1分）的情况下，依然有权以其对甲公司的追偿权申报破产债权，参与破产分配，即预先行使追偿权（1分）。

9. 行使抵销权。（1分）在甲、乙公司的装修关系中，甲公司对乙公司享有装修款债权100万元（1分）；乙公司受让丙公司的债权后，则在设备A买卖关系中，乙公司对甲公司享有价款债权75万元（1分），且已经到期（1分），故乙公司对甲公司享有抵销权（1分）。进而，甲公司将装修关系中的100万元债权转让（1分）给丁公司，并通知（1分）乙公司后，乙公司可对丁公司继续行使抵销权（1分）。

10. 甲公司行使抗辩权的，乙公司不得主张抵销。第一，在买卖关系中，丙公司交付的设备A质量不符合约定，甲公司对丙公司享有先履行抗辩权。（1分）丙公司将债权转让给乙公司，并通知甲公司后，甲公司即对乙公司享有先履行抗辩权。（1分）第二，在装修关系中，甲公司对乙公司享有到期的装修款债权100万元。由此可知，乙公司对甲公司享有抵销权，但甲公司若主张抗辩，则抵销权不能行使。第三，在装修关系中，甲公司将装修款债权转让给丁公司后，乙公司对丁公司的延续享有的抵销权，具有同样效力（1分），即甲公司若主张抗辩，则抵销权不能行使。

案例 6　4S 店经营纠纷案

案情：2月1日，甲汽车制造厂（以下简称"甲厂"）将汽车 A 出卖给乙 4S 店（以下简称"乙店"），约定乙店 3 个月后支付价金。2月5日，甲厂将汽车 A 交付给乙店。2月8日，乙店将汽车 A 抵押给建设银行，办理了抵押登记。同日，乙店还以房屋 B 向建设银行设立抵押，并办理了抵押登记。经查，房屋 B 上存在乙店与李四的权属争议，经法院审理，已经确认房屋 B 归属于李四，但李四尚未变更登记。此时房屋 B 已经由乙店出租给了张三。2月12日，乙店将汽车 A 抵押给甲厂，办理了抵押登记。

2月25日，乙店又将汽车 A 出卖给丙公司，约定乙店为丙公司代办托运，丙公司1个月后支付价款，但丙公司应当将货车 C 借给乙店使用。同日，乙店将汽车 A 交付给通达运输公司（以下简称"通达公司"），按照丙公司的要求，指示通达公司将汽车 A 运往广东方向，具体目的地由丙公司另行向通达公司通知。同日，丙公司将货车 C 交付给乙店使用。3月15日，在通达公司运输汽车 A 的过程中，该车因泥石流毁损。

3月25日，丙公司以汽车 A 已经毁损为由，拒绝支付价款，乙店遂对货车 C 行使留置权。经查，汽车 A 已经投保车损险，泥石流致损属于保险范围。建设银行、甲厂、丙公司均主张就汽车 A 的保险金受偿。

问题：（共35分）

1. 2月8日，建设银行能否取得房屋 B 的抵押权？为什么？（5分）

2. 如果建设银行的债权到期未获清偿，遂行使房屋 B 上的抵押权，此时张三可采取何种法律措施保护自己的合法权益？为什么？（3分）

3. 乙店、李四、建设银行，谁有权收取房屋 B 的租金？为什么？（3分）

4. 丙公司是否取得了汽车 A 的所有权？为什么？（3分）

5. 2月25日后，建设银行与甲厂能否对汽车 A 行使抵押权？为什么？（5分）

6. 3月25日，丙公司能否拒绝支付汽车 A 的价款？为什么？（4分）

7. 3月25日，乙店能否对货车 C 行使留置权？为什么？（5分）

8. 建设银行、甲厂、丙公司在汽车 A 保险金上的受偿顺位如何？为什么？（7分）

答案

1. 能。（1分）因为房屋 B 归属于李四，乙店以房屋 B 向建设银行设立抵押的行为，构成无权处分。（1分）又因为房屋 B 登记在乙店名下（1分），且李四并未办理异议登记（1分），故建设银行办理抵押登记后，可以善意取得（1分）抵押权。

2. 优先购买权和买卖不破租赁。（1分）因为张三是不动产承租人（1分），在租赁物所有权变动的情况下，可主张同等条件下的优先购买权；又因为建设银行的抵押权成立于张三的租赁权之后（1分），故张三可主张买卖不破租赁的保护。

3. 李四。（1分）首先，既然法院确认房屋B归李四所有，那么孳息归原物所有权人（1分），即李四有权收取房屋B的租金，而乙店无权收取租金。其次，尽管建设银行善意取得了房屋B上的抵押权，但是只有在抵押物被查封、扣押的情况下，抵押权人方有权收取抵押物租金（1分），而本案中并无房屋B被查封、扣押的事实，故建设银行也无权收取租金。

4. 是。（1分）在乙店与丙公司的买卖合同中，出卖人乙店代办托运（1分），将汽车A交付（1分）给承运人通达公司时，所有权转移给丙公司。

5. 能。（1分）尽管乙店出卖已经设立抵押的汽车A给丙公司，构成正常经营活动（1分），但因丙公司并未支付价款（1分），丙公司不构成正常买受人（1分）。由于建设银行与甲厂的抵押权均已登记（1分），可对抗丙公司的所有权，故抵押权不受影响。

6. 不能。（1分）在乙店与丙公司的买卖合同中，出卖人乙店为丙公司代办托运（1分），但其并未与丙公司约定明确的交付地点（1分），故将汽车A交付给承运人通达公司时，风险转移（1分），丙公司不能拒绝支付汽车A的价款。

7. 能。（1分）乙店与丙公司的货车C的借用关系和汽车A的买卖关系为不同的法律关系，不具有同一性。（1分）但乙店与丙公司均为企业（1分），且乙店对丙公司的汽车A的价金债权为商事营业债权（1分），故乙店可基于商事留置权（1分）留置货车C。

8. 甲厂—建设银行—丙公司。（1分）首先，尽管丙公司拥有汽车A的所有权，但建设银行与甲厂的抵押权不受影响，即其依然是汽车A的抵押权人。根据担保物权的物上代位效力（1分），其有权就汽车A的保险金主张优先受偿。其次，因为甲厂赊账销售汽车A，为价款融资债权人（1分），其接受汽车A的抵押，并在10日内登记（1分），构成价款抵押权（1分），可优先于乙店的其他担保物权人（建设银行）受偿。最后，丙公司是汽车A的所有权人，其可在抵押权受偿后（1分），就保险金的剩余部分（1分）受偿。

案例 7　房屋买卖案

案情：2019年12月20日，甲、乙订立买卖合同，约定甲将房屋A以300万元的价格出卖给乙，甲于2020年1月1日将房屋A向乙交付并办理过户登记后，乙每年支付价款60万元，任何一方违约，向对方支付违约金150万元。合同订立后，甲如约将房屋A向乙交付并登记。

此时，因原材料价格上涨，甲于2020年3月1日向乙发函，称该买卖已经是亏本买卖，故解除之。乙收到函件后，未予理会。2020年6月30日，乙未向甲交付首期价款60万元，甲催告无果后，遂于2020年7月30日请求乙一次性支付300万元，乙则于当日提出抗辩称：①买卖合同约定分期付款，甲并未解除买卖合同，故无权请求自己一次性支付全部价款；②因甲曾表示要解除买卖合同，故自己有权基于双务合同抗辩权，拒绝支付首期价款60万元。

因乙一直未支付价款，甲于2023年9月15日起诉至法院，请求解除房屋A买卖合同。在甲的起诉状副本送达乙后，乙同意立即支付首期价款60万元，甲遂于2023年9月30日撤诉。后因乙仍未支付价款，2023年10月20日，甲向乙发出书面通知，称如果乙2023年年底再不支付首期款60万元，买卖合同解除。书面通知当日送达。2024年1月20日，因乙仍未支付价款，甲遂向法院再次起诉，主张解除买卖合同，并要求乙支付违约金。2024年1月30日，起诉状副本送达乙。经法院审理，查明乙有履行能力而多次拖延履行，并确认甲的解除权成立，甲、乙的房屋买卖合同可以解除，同时判令乙向甲支付违约金150万元。该判决已于2024年10月20日生效。

问题：（共32分）

1. 2020年3月1日，甲能否以原材料价格上涨为由解除与乙的买卖合同？为什么？（4分）

2. 乙收到甲的解除通知后，未予理会，甲、乙的买卖合同是否解除？为

什么？（4分）

3. 2020年7月30日，乙的第一项抗辩理由能否成立？为什么？（4分）

4. 2020年7月30日，乙的第二项抗辩理由能否成立？为什么？（5分）

5. 甲于2023年9月15日起诉至法院时，是否享有解除权？为什么？（4分）

6. 2023年9月30日，甲撤诉后，甲、乙的买卖合同是否解除？为什么？（3分）

7. 2023年10月20日，甲解除合同的通知到达乙时，买卖合同是否解除？为什么？（3分）

8. 2024年10月20日，法院确认甲享有解除权的判决生效后，甲、乙的买卖合同自何时起解除？为什么？（2分）

9. 乙能否主张适当减少违约金？为什么？（3分）

答案

1. 不能。（1分）本题中，原材料价格上涨为正常风险，不构成情势变更（1分），故甲不得据此解除买卖合同。此外，因甲不享有解除权（1分），故乙未提出异议，不影响合同不得解除的后果（1分）。

2. 否。（1分）甲主张解除合同，但不享有解除权（1分），纵然乙未提出解除权异议（1分），买卖合同也不得解除（1分）。

3. 不成立。（1分）分期付款买卖中，买受人迟延付款的数额达总价款的1/5（1分）的，出卖人有权主张买受人一次性支付全部价款（1分），且无需以解除买卖合同为条件（1分）。

4. 不成立。（1分）首先，乙是后履行一方（1分），故在甲已经履行了交房、过户义务（1分）后，乙不得主张先履行抗辩权（1分）；其次，乙作为后履行一方，也不享有不安抗辩权（1分）。

5. 是。（1分）乙逾期不付价款，构成迟延履行主要义务（1分），经甲催告后仍未履行（1分），甲有权解除买卖合同（1分）。

6. 否。（1分）通过诉讼、仲裁解除合同，需确认解除权成立的判决、裁决生效（1分）后，合同方能在起诉状副本、仲裁申请书副本送达时解除（1分）。本案中，因甲撤诉，法院并未作出确认解除权成立的法律文书，故合同并未解除。

7. 否。（1分）甲对乙的通知表明了未来不履行债务则合同解除（1分）的意思表示，合同解除的时间从其通知（1分），故通知到达乙时，合同并未解除。

8. 2023年12月31日。（1分）当事人二次起诉主张解除合同，但起诉前已经通知对方解除合同的，合同的解除时间按照通知中解除合同的时间确定。（1分）本题中，甲在二次起诉前已经通知乙，若2023年年底不履行债务，则合同解除。故合同解除的时间从其通知。

9. 不能。（1分）乙有履行能力而不履行，且反复违反允诺，构成恶意违约（1分），不得主张适当减少违约金（1分）。

案例 8 土地使用权转让案

案情：2024 年 2 月 5 日，甲公司将其所有的 A 地使用权以 3 亿元的价格转让给乙公司，双方订立了转让协议，约定乙公司取得 A 地使用权后，先向甲公司支付受让金 5000 万元，余款 5 年内付清。甲公司将 A 地使用权向乙公司过户登记后，乙公司查明甲公司尚未向国家土地管理机关付清 A 地使用权出让金，以《城市房地产管理法》第 39 条关于"土地使用权转让，需以缴清土地使用权出让金为条件"之规定为依据，认为甲公司与自己的 A 地使用权转让合同无效，故拒绝支付 A 地使用权的受让金。

2024 年 3 月 10 日，乙公司与丙公司订立建设工程合同，约定丙公司在 A 地上修建高 30 层的房屋 B，地基竣工及 10 层完工时，乙公司支付工程款 4000 万元，工程整体竣工验收合格后，乙公司再支付工程款 4000 万元。2024 年 9 月 10 日，丙公司完成地基及 10 层施工后，乙公司未支付工程款，且将在建工程抵押给建设银行，为自己从建设银行的贷款提供担保，并办理了抵押登记，丙公司遂停止施工。乙公司反复催促丙公司复工无果后，通知丙公司解除建设工程合同。2024 年 10 月 20 日，乙公司以 1000 万元的市价购得飞达公司的厂房一座。经查，飞达公司是乙公司的控股股东，且知道乙公司与甲公司、丙公司的交易情形。

2024 年 10 月 25 日，甲公司与丁公司订立买卖合同，约定甲公司以 2 亿元的价格将 B 地使用权转让给丁公司，丁公司应于土地使用权过户后 1 周内，支付全部价款。合同订立后，甲公司向丁公司办理土地过户手续，因丁公司并未如约支付 2 亿元受让金，故丁公司以 B 地使用权向甲公司设立抵押，并办理了抵押登记。2024 年 10 月 30 日，甲公司将其对丁公司的 B 地使用权受让金债权以 2 亿元的价格转让给了乙公司，并通知了丁公司。

问题：（共 29 分）

1. 甲、乙公司的 A 地使用权转让合同，效力如何？为什么？（3 分）

2. 如果丙公司承建的地基工程存在质量瑕疵，导致工程存在安全隐患，乙公司可否拒绝支付 4000 万元工程款？为什么？（3 分）

3. 乙公司能否解除与丙公司的建设工程合同？为什么？（3 分）

4. 甲、丙公司能否诉请法院撤销乙公司与建设银行的抵押合同？为什么？（2 分）

5. 甲、丙公司能否诉请法院撤销乙公司与飞达公司的厂房转让合同？为什么？（3 分）

6. 如果甲、丙公司均向法院提起诉讼，主张撤销乙公司与飞达公司的厂房转让合同，法院应如何处理？为什么？（2 分）

7. 如果丙公司修建的 30 层房屋 B 竣工验收合格，而乙公司仍未支付工程款。在房屋 B 上，丙公司建设工程优先权的客体与建设银行抵押权的客体，分别是什么？受偿顺位如何？为什么？（6 分）

8. 甲公司将其对丁公司的 B 地使用权受让金债权转让给乙公司后，是否还能请求丁公司向自己支付 2 亿元的受让金？为什么？（4 分）

9. 甲公司将其对丁公司的 B 地使用权受让金债权转让给乙公司后，请求丁公司向自己支付 2 亿元的受让金时，是否还能受到 B 地使用权抵押的担保？为什么？（3 分）

答案

1. 有效。（1分）法律的强制性规定旨在维护政府的税收、土地使用权出让金等国家利益（1分），认定合同有效不会影响该规范目的的实现的（1分），合同有效。

2. 可以。（1分）根据乙、丙公司的建设工程合同，丙公司应当先完成地基工程，乙公司后支付4000万元工程款。（1分）若丙公司未履行其在先的义务，乙公司可基于先履行抗辩权（1分）拒绝支付4000万元工程款。

3. 不能。（1分）根据乙、丙公司的建设工程合同，乙公司应先支付4000万元工程款，丙公司再进行10层以上的施工。（1分）现乙公司未履行其在先的债务，丙公司可基于先履行抗辩权（1分）拒绝继续施工。

4. 不能。（1分）尽管甲公司对乙公司享有土地使用权转让金债权，丙公司对乙公司享有工程款债权，均为乙公司的债权人，但乙公司向建设银行抵押，是为自己的债务提供担保，不构成不当处分（1分），故甲、丙公司不得对该行为主张债权人的撤销权。

5. 能。（1分）首先，甲公司对乙公司享有土地使用权转让金债权，丙公司对乙公司享有工程款债权，均为乙公司的债权人（1分）；其次，乙公司与飞达公司的厂房转让合同，为关联交易，推定为以不合理的高价转让；最后，飞达公司知道乙公司与甲、丙公司的交易，构成恶意（1分）。故甲、丙公司有权以诉讼方式行使撤销权。

6. 甲、丙公司对乙公司提起的撤销权之诉，可以合并审理。（1分）2个或2个以上的债权人均提起撤销权之诉（1分）的，可以合并审理。

7. ①丙公司的建设工程优先权的客体，为30层房屋B（1分），因为30层房屋B均为丙公司施工建成。建设银行抵押权的客体为房屋B 10层以下的部分（1分），因为办理抵押登记时，房屋B仅建至10层；后建成的20层，为建设银行抵押物上的续建部分（1分），并非其抵押权的客体（1分）。②房屋B 10层以下的部分，丙公司的工程款债权中"人工、材料等实际支出的费用"部分，可优先于建设银行受偿（1分）；10层以上的部分，建设银行无权受偿（1分）。

8. 能。（1分）首先，根据甲、乙公司的A地使用权转让合同，甲公司对乙公司享有3亿元的受让金债权。（1分）其次，甲公司将其对丁公司的B地使用权的2亿元受让金债权转让给乙公司，并向丁公司通知后，乙公司便对丁公司享有该2亿元的受让金债权。（1分）由此，在"甲公司—乙公司—丁公司"之间，便形成"债权人—债务人—次债务人"的关系。进而，乙公司对甲公司的债务到期未履行，且未对丁公司以诉讼或仲裁方式行使债权，甲公司可基于债权人的代位权（1分），请求丁公司向自己支付2亿元受让金。

9. 能。（1分）首先，在甲、丁公司的B地使用权转让关系中，甲公司对丁公司的受让金债权，受到丁公司提供的B地使用权抵押的担保。其次，甲公司将该受让金债权转让给乙公司后，因债权转让，原则上担保权随之转让（1分），故乙公司对丁公司的受让金债权，也受到B地使用权抵押的担保。最后，甲公司向丁公司代位行使乙公司对丁公司的受让金债权时，对乙公司所享有的担保权，也可一同代位行使。（1分）

案例 9 南湖公司借款案

案情： 甲公司从南湖公司借款 100 万元，马小芸以自己价值 80 万元的房屋 A 向南湖公司设立抵押，担保南湖公司的借款债权，双方订立了房屋 A 抵押合同。马小芸在为南湖公司办理抵押登记之前，将房屋 A 出卖给宋大江，并办理了过户登记。后甲公司到期未向南湖公司偿还借款本息。此时，半年前甲公司从南湖公司购买货物的 100 万元价金债务，也已到期。经南湖公司催要，甲公司向南湖公司偿还了 80 万元，但并未说明偿还的是哪一笔债务。

甲公司与乙专车公司（以下简称"乙公司"）订立专车服务合同，约定乙公司为甲公司提供长期专车服务，期限 5 年。如果乙公司违约，应承担本次服务运费 50% 的违约金。在服务期间，甲公司与丙公司商谈好了合作事宜，双方约定甲公司派人至丙公司在书面合同上签字，双方的交易即告达成。经甲公司测算，此单交易可获得利益 100 万元。因此，甲公司联系乙公司，为甲公司业务经理李四赴丙公司签字派遣专车，本次运费 100 元，并告知了乙公司此次用车事关 100 万元的可得利益。在路途中，丁酒驾超速逆行，与乙公司的专车相撞，导致李四面部受损，花去医疗费 5 万元。甲公司与丙公司的交易也因此告吹。甲公司请求乙公司赔偿该交易的可得利益损失 100 万元，但乙公司抗辩称，尽管本次用车时，甲公司告知了乙公司 100 万元可得利益之事，但双方订立专车服务合同时，乙公司并不能预见到此事。

问题：（共 34 分）

1. 马小芸为宋大江办理过户登记后，南湖公司是否有权请求马小芸履行抵押合同，为自己办理抵押登记？为什么？（3 分）

2. 甲公司未向南湖公司返还借款，南湖公司是否有权就房屋 A 优先受偿？为什么？（3 分）

3. 甲公司未向南湖公司返还借款，南湖公司是否有权请求马小芸向自己偿还借款本息？为什么？（4 分）

4. 甲公司向南湖公司偿还的80万元，履行的是甲公司对南湖公司的哪笔债务？为什么？（4分）

5. 李四能否请求乙公司承担侵权责任？为什么？（2分）

6. 李四能否请求乙公司承担违约责任？为什么？（3分）

7. 甲公司能否请求乙公司承担违约责任？为什么？（4分）

8. 甲公司能否请求乙公司赔偿可得利益损失100万元？为什么？（4分）

9. 如果甲公司在本次用车时与乙公司约定，将对乙公司的债权设定给李四，那么：

（1）李四能否请求乙公司承担违约责任？为什么？（5分）

（2）李四能否请求乙公司赔偿可得利益100万元？为什么？（2分）

答案

1. 否。（1分）因为马小芸为宋大江办理房屋A过户登记后，便丧失了对房屋A的所有权，相对于其与南湖公司的房屋A抵押合同而言，构成了履行不能（1分），故马小芸不再承担继续履行的违约责任（1分）。

2. 否。（1分）因为不动产抵押权的设立，适用公示成立原则（1分），南湖公司未办理抵押登记，故不享有房屋A上的抵押权（1分），进而无权就房屋A主张优先受偿。

3. 可以请求马小芸偿还80万元。（1分）因为马小芸基于可归责于自己的原因（1分），导致房屋A抵押合同履行不能，构成违约，应承担违约责任（1分）。南湖公司不能从甲公司处受偿的借款债权本息，构成因马小芸违约给南湖公司造成的损失，马小芸应在房屋A的80万元价值范围内（1分）承担赔偿损失的违约责任。

4. 货款债务。（1分）甲公司对南湖公司负担两笔债务，即借款债务和货款债务，甲公司未明确说明偿还的是哪笔债务（1分），两笔债务均已到期（1分），但借款债务有担保，而货款债务无担保（1分），故优先偿还无担保的货款债务。

5. 不能。（1分）因为乙公司对李四遭受的损害并无过错（1分），其对李四不构成侵权，故李四不能请求乙公司承担侵权责任。

6. 不能。（1分）因为本案客运合同的当事人双方为甲公司与乙公司，李四与乙公司之间并无合同关系（1分），乙公司为李四提供专车，性质是第三人代为受领（1分），故李四不得请求乙公司承担违约责任。

7. 能。（1分）甲、乙公司之间的专车服务合同的性质为客运合同。乙公司未完成对李四的运输义务，即构成对甲公司的违约（1分），因该违约责任为无过错责任（1分），且不存在免责事由（1分），故乙公司需对甲公司承担违约责任。

8. 能。（1分）可得利益的违约赔偿，应当以债务人"订立合同时"（1分）的预见为前提，但本次用车，构成甲、乙公司客运合同的组成部分（1分），故100万元可得利益构成"订立合同时"的预见（1分），乙公司应对该100万元可得利益损失承担违约赔偿责任。

9. （1）能。（1分）本次用车的客运合同，构成利他合同（1分），李四为乙公司的债权人。乙公司未完成对李四的运输义务，即构成对甲公司的违约（1分），因该违约责任为无过错责任（1分），且不存在免责事由（1分），故乙公司需对李四承担违约责任。

（2）不能。（1分）该100万元可得利益，是甲公司的可得利益，而非李四的可得利益（1分），故李四无权请求乙公司赔偿该笔损失。

声　明　1. 版权所有，侵权必究。

2. 如有缺页、倒装问题，由出版社负责退换。

图书在版编目（CIP）数据

主观题采分有料. 民法 / 张翔编著. -- 北京 : 中国政法大学出版社, 2024. 7. -- ISBN 978-7-5764-1575-9

Ⅰ. D920.4

中国国家版本馆 CIP 数据核字第 20249SY357 号

出 版 者	中国政法大学出版社
地　　址	北京市海淀区西土城路 25 号
邮寄地址	北京 100088 信箱 8034 分箱　邮编 100088
网　　址	http://www.cuplpress.com（网络实名：中国政法大学出版社）
电　　话	010-58908285(总编室) 58908433 (编辑部) 58908334(邮购部)
承　　印	三河市华润印刷有限公司
开　　本	787mm×1092mm　1/16
印　　张	10
字　　数	250 千字
版　　次	2024 年 7 月第 1 版
印　　次	2024 年 7 月第 1 次印刷
定　　价	61.00 元